ACCESO GRATIS *a la Lectura en la Nube*

Para visualizar el libro electrónico en la nube de lectura envíe junto a su nombre y apellidos una fotografía del código de barras situado en la contraportada del libro y otra del ticket de compra a la dirección:

ebooktirant@tirant.com

En un máximo de 72 horas laborales le enviaremos el código de acceso con sus instrucciones.

EL DERECHO DEL TRABAJO

Una visión desde el género

Procedimiento de selección de originales, ver página web:
www.tirant.net/index.php/editorial/procedimiento-de-seleccion-de-originales

EL DERECHO DEL TRABAJO

Una visión desde el género

JOSEFA MONTALVO ROMERO

Universidad Veracruzana

Centro de estudios sobre derecho, globalización y seguridad

tirant lo blanch

Ciudad de México, 2025

En caso de erratas y actualizaciones, la Editorial Tirant lo Blanch México publicará la pertinente corrección en la página web www.tirant.com/mex/

Este libro será publicado y distribuido internacionalmente en todos los países donde la Editorial Tirant lo Blanch esté presente.

Esta obra fue dictaminada en un riguroso proceso de arbitraje doble ciego.

Esta obra es producto del Proyecto no. 15050202459 registrado en la Universidad Veracruzana y fue financiada por el Centro de estudios sobre derecho, globalización y seguridad de la Universidad Veracruzana.

© EDITA: TIRANT LO BLANCH
DISTRIBUYE: TIRANT LO BLANCH MÉXICO
Av. Tamaulipas 150, Oficina 502
Hipódromo, Cuauhtémoc, 06100, Ciudad de México
Telf: +52 1 55 65502317
infomex@tirant.com
www.tirant.com/mex/
www.tirant.es
ISBN: 979-13-7021-362-6

Si tiene alguna queja o sugerencia, envíenos un mail a: *atencioncliente@tirant.com*. En caso de no ser atendida su sugerencia, por favor, lea en *www.tirant.net/index.php/empresa/politicas-de-empresa* nuestro Procedimiento de quejas.

Responsabilidad Social Corporativa: http://www.tirant.net/Docs/RSCTirant.pdf

A **Enrique, Mauricio y Andrés**
Tres voces, un mismo eco de felicidad.

ÍNDICE

Introducción

El trabajo dignifica al ser humano y es sin duda uno de los pilares más importantes de nuestra vida social y económica al convertirse también en el espacio donde construimos nuestras identidades, ejercemos derechos y nos desarrollamos como seres humanos. Marx lo consideraba como una fuente de valor, como una actividad exclusiva del hombre que le permite su desarrollo intelectual, actividad de la que finalmente se apropia la burguesía.

Cuando hablamos de genero nos referimos tanto a hombres como a mujeres, sin embargo, es de nuestro especial interés centrarnos en las mujeres, pues a lo largo de la historia se han enfrentado a barreras y estereotipos que les han dificultado acceder al mundo laboral en igualdad de condiciones que los hombres. De los grandes aportes de la revolución industrial de mediados del siglo XIX, fue la inclusión de la mujer en las fábricas, cuestión que se consideró extraordinaria pues preponderantemente su labor era el trabajo reproductivo y el cuidado del hogar. Esta mano de obra femenina paso de ser adicional a convertirse en indispensable posterior a la segunda guerra mundial, cuando la mujer se enfrenta a ser, en muchos casos, proveedora única del hogar, siendo las fábricas manufactureras su primera opción laboral y a partir de ahí comienzan las luchas por la igualdad de derechos y la igualdad de género en el mundo del trabajo. Finalmente, el Pacto Internacional de derechos económicos, sociales y culturales entiende el trabajo como la oportunidad que deben tener todas las personas de elegir un trabajo libremente para ganarse la vida y respetando un derecho.

Este libro busca identificar y analizar intersecciones entre trabajo y género, comprender su complejidad y plantear los escenarios que se vislumbran en el derecho laboral.

Históricamente, la división sexual del trabajo ha asociado las labores productivas y remuneradas con los hombres y a las tareas de hogar y cuidados familiares con las mujeres, esto responde a construcciones sociales y culturales que han moldeado nuestras instituciones y políticas laborales. Lo lamentable, es que hoy en día esos patrones permanezcan provocando una fuerte segregación ocupacional en la mayoría de los mercados laborales y una brecha salarial de género. A esto se le suma que la informalidad es donde prioritariamente las mujeres se ubicán laboralmente, sin seguridad social, sin estabilidad, sueldos precarios, sin protección contra la discriminación, la violencia o el acoso etc.

La necesidad de entender y visibilizar las relaciones laborales con enfoque de género es lo que da origen a este libro. Su objetivo es doble: por un lado, evidenciar las barreras que impiden que las mujeres y otras identidades de genero tengan un acceso equitativo al trabajo decente; y por el otro, poner de manifiesto los esfuerzos que a nivel internacional y nacional se han realizado, y generar algunas propuestas para alcanzar la equidad laboral, evidenciando que falta mucho por hacer al respecto.

El contenido del libro está organizado en 3 capítulos que ofrecen una visión completa de la temática:

1. *Derechos humanos laborales y género.* Se presenta un marco conceptual sobre el trabajo y el género, revisando definiciones de perspectiva, equidad y estereotipos, así como un recorrido por los Convenios de la Organización Internacional del Trabajo considerados fundamento de lo que hoy conocemos como trabajo decente.
2. *Desigualdades de género.* Este punto profundiza en el análisis de algunas condiciones laborales que ponen en evidencia de manera clara las desigualdades que viven las mujeres en el mundo del trabajo en nuestro país.
3. *Escenarios emergentes.* Aquí se exploran distintos contextos laborales con un enfoque de género, que ponen de manifiesto la necesidad de avanzar hacia modelos más equitativos de organización del trabajo.

Reflexionar sobre el vínculo entre trabajo y género es una tarea urgente si queremos reducir la pobreza y mejorar la calidad de vida de nuestra sociedad. Acercar al lector a las realidades que viven día a día las personas por las desigualdades laborales nos ayudara a trabajar de manera conjunta para cerrar las brechas de género en el empleo e impulsar la resiliencia social.

Capítulo 1

Derechos humanos laborales y género

1.1 TRABAJO DECENTE

La normativa en materia laboral está diseñada para poner al trabajo en el centro de la vida de las personas, vinculándolo directamente con su dignidad y el crecimiento de su personalidad. Se trata de un derecho fundamental que surge de una elección personal, ya que cada individuo decide como ser útil a la sociedad y como desarrollar sus habilidades. De esta manera, se fomenta el libre desarrollo de la personalidad, permitiendo que cada persona alcance su máximo potencial.

De acuerdo con el artículo 2° de la Ley Federal del Trabajo, se entiende por trabajo decente:

> aquél en el que se respeta plenamente la dignidad humana del trabajador; no existe discriminación por origen étnico o nacional, género, edad, discapacidad, condición social, condiciones de salud, religión, condición migratoria, opiniones, preferencias sexuales o estado civil; se tiene acceso a la seguridad social y se percibe un salario remunerador; se recibe capacitación continua para el incremento de la productividad con beneficios compartidos, y se cuenta con condiciones óptimas de seguridad e higiene para prevenir riesgos de trabajo.

Aquí se incluye el disfrutar de derechos colectivos tales como el derecho de huelga, la contratación colectiva, libertad de asociación etc. Así mismo, y haciendo uso de la perspectiva de género, se establece la igualdad sustantiva como el mecanismo para eliminar la discriminación que sufren las mujeres trabajadoras, con el objetivo de acceder a las mismas oportunidades atendiendo a las diferencias que hombres y mujeres tienen, no solo biológicamente si no también, social y culturalmente.

Es así, que el trabajo decente tiene cuatro aspectos:

1. Oportunidades de empleo e ingresos: Hace referencia a la oportunidad para encontrar empleo, a que la remuneración recibida

por el trabajo realizado sea justa y creciente y a que las condiciones en las que se desempeña el mismo sean de calidad y seguridad.

2. Protección y seguridad social: pretende que todas las personas que poseen un puesto de trabajo puedan acceder a los sistemas de seguridad social, como salud, pensión y cesantías, Administradora de Riesgos Profesionales y caja de compensación, para garantizarles así un nivel mínimo de protección y bienestar al trabajador y su familia.

3. Principios y derechos fundamentales en el trabajo: Hace referencia a la posibilidad de ejercicio efectivo de los derechos humanos en el marco del trabajo. Se tienen en cuenta cifras de trabajo infantil, de discriminación (tasas de ocupación y de discriminación separadas por género) y libertades sindicales.

4. Diálogo social y tripartismo: busca que los gobiernos, los empresarios y los trabajadores dialoguen constante y conjuntamente sobre sus necesidades y problemáticas, basados en un modelo de concertación en el que todas las partes resulten beneficiadas.

En 1999 en Ginebra en la 87ª reunión de la Conferencia Internacional del Trabajo, el entonces director Juan Somavia, presento su *memoria Trabajo decente* y señalaba que la OIT apostaba por un trabajo decente. "No se trata simplemente de crear puestos de trabajo, sino que han de ser de una calidad aceptable. No cabe disociar la cantidad del empleo de su calidad" (1999).

Desde entonces el objetivo de todos los países miembros de la OIT ha sido alcanzar los estándares del trabajo decente en sus países. En este contexto el trabajo decente se incluyó como uno de los objetivos de la agenda 2030 para el desarrollo sostenible (2015), el objetivo 8 tiene como finalidad "promover el crecimiento económico sostenido, inclusivo y sostenible, el empleo pleno y productivo y el trabajo decente para todos".

El avance en este rubro en nuestro país no es muy alentador, es evidente que en las condiciones que se integran en el trabajo decente no se tienen ganancias significativas, de modo que se mantiene a la población joven, a las mujeres y a los infantes, así como al sector de trabajo informal, en una desprotección y con propensión a la vulnerabilidad, situación que se exacerba en momentos de crisis tanto económicas como de otra índole, por ejemplo, las sanitarias. (Murguía y Ronzón, 2023).

Medir los avances o retrocesos del trabajo decente en nuestro país implica valorar varios indicadores, entre ellos el salario.

Contar con un salario suficiente para cubrir necesidades de quien trabaja y su familia es un elemento fundamental del derecho humano al trabajo.

Las personas sin un salario suficiente son quienes, pese a estar empleados, no perciben un ingreso que les permita superar la línea de pobreza. Este ingreso se define como inferior al costo de dos canastas básicas, no necesariamente solo alimentaria, y justo este factor de ingreso laboral insuficiente es uno de los que explican la persistencia de la pobreza en nuestro país.

De acuerdo con el Observatorio de trabajo digno, para el primer trimestre del 2025, 67% de la población ocupada, es decir, 32.9 millones de personas trabajan y carecen de ingreso suficiente.

Por su parte la Encuesta Nacional de Ocupación y Empleo (ENOE) reporta que, en el primer trimestre de 2025, la tasa de participación económica se ubicó en 59.2% de la población de 15 y más. Esto se traduce en 59.0 millones de personas ocupadas, cifra que comparada con el primer trimestre del 2024 presenta una disminución de 120 mil personas ocupadas. Los sectores que evidencian esta caída son agricultura, caza y pesca, ganadería, silvicultura, industria manufacturera y gobierno y organismos internacionales.

Para poder disfrutar de los derechos que dan vida al trabajo decente es indispensable contar con un empleo formal y lo que vemos por ahora es una disminución de oportunidades para acceder a uno de calidad y digno.

1.2 CONVENIOS DE LA ORGANIZACIÓN INTERNACIONAL DEL TRABAJO (OIT)

Los Derechos Humanos laborales y la Justicia Social han sido los grandes objetivos de la Organización Internacional del Trabajo (OIT) desde su fundación en 1919.

Coadyuvando con los contextos propios de las realidades nacionales, la OIT guía y marca la pauta en la regulación del trabajo mediante convenios y recomendaciones con el objetivo de garantizar condiciones de trabajo decente.

La conformación de la OIT responde a transformaciones económicas y sociales importantes donde la problemática laboral toma fuerza, hechos puntuales como la publicación del manifiesto comunista de Marx; la *Rerum Novarum* del Papa León XIII y su visión católica de los problemas laborales, pasando por las políticas sociales de Bismark en Alemania y concluyendo con el Tratado de paz que pone fin a la primera guerra mundial y donde de manera puntual se privilegia la protección de los trabajadores mediante la creación de un organismo permanente encargado de regular el trabajo a nivel global, es decir, la OIT.

La Organización tiene su sede en Ginebra, Suiza y tiene una conformación tripartita con representantes de trabajadores, de los empleadores y de los estados parte. Sus principales organismos son La Conferencia Internacional del Trabajo que sesiona anualmente, el Consejo de administración como órgano ejecutivo y la Oficina Internacional del Trabajo que es la secretaria permanente.

Su principal función es emitir normas internacionales de trabajo, las cuales marcan la pauta sobre las condiciones mínimas que deben respetarse en el trabajo, es decir, los derechos laborales que deben disfrutar los trabajadores en una relación. Estas normas pueden ser convenios o recomendaciones; los primeros son tratados internacionales sujetos a ratificación por los estados miembros, y las segundas, tienen como objetivo orientar la política y la acción de cada nación en materia laboral pero no son vinculantes. (Montalvo, 2012).

El trabajo siempre ha sido el medio para lograr cubrir las necesidades básicas que nos encaminen aun buen desarrollo y vida en todos los sentidos. El derecho humano al trabajo origino la necesidad de establecer otros derechos humanos laborales con el fin de proteger la fuerza de trabajo. Desde la revolución industrial empezamos a ver la necesidad de garantizar un derecho al trabajo con condiciones dignas. En nuestro país es el constituyente de 1917 quien por primera vez eleva a nivel constitucional el derecho a un trabajo en condiciones que garanticen la dignidad y la libertad de los trabajadores. Posteriormente la Constitución Alemana de Weimar sigue el m modelo mexicano y también incluye un apartado dedicado al trabajo.

Tres premisas enmarcan el derecho al trabajo:

1. Debe realizarse en completa libertad de elección siempre y cuando la profesión sea licita.
2. No podemos hablar de un derecho al trabajo sin empleos. Esto implica que el estado asuma una actitud activa y genere condiciones para la creación de empleos.
3. El trabajo debe realizarse en condiciones de dignidad, libertad y justicia.

Los derechos humanos tienen características muy particulares y aquí enunciamos algunas de ellas:

- Intransferibles.

  El estado no puede afectar los derechos humanos de los ciudadanos, por lo tanto, la persona humana no puede renunciarlos o negociarlos pues afectaría su dignidad.

- Universales.

  Los derechos humanos son para todos por el simple hecho de ser personas, ignorando cuestiones de raza, edad, nacionalidad, religión o sexo, entre otros.

- Indivisibles e interdependientes.

  Todos los derechos humanos están interconectados, es decir, el avance de uno implica el de otros y, por el contrario, la privación o la privación de uno tiene impactos en el resto.

- Progresivos.

  Se convierte la progresividad en una obligación del estado de constantemente trabajar para mejorar ese derecho humano, otorgar mayor protección y garantía a la persona.

- Accesibilidad.

  Se refiere a eliminar cualquier barrera que dificulte o impida el acceso al disfrute del derecho humano. Aquí nos podemos encontrar con elementos de discriminación, por ejemplo.

- Justiciabilidad.

  Dos vías se nos presentan para exigir el cumplimiento de los derechos humanos: la jurídica o la política. La primera se realiza ante los órganos del poder judicial y la segunda se concreta en mecanismos de presión con impacto social como las marchas, cartas de dominio público, los informes de ONG, etc.

Como derechos humanos laborales podemos señalar los siguientes, sin ser limitativos:

- Derecho al Trabajo.

  Se erige como punto de partida de todos los restantes. El trabajo dignifica a la persona humana y por tanto este derecho debe ejercerse en completa libertad.

- Derecho a la seguridad social.

  Junto al derecho a la salud se incluyen aquí los riesgos y accidentes de trabajo, enfermedades de trabajo y generales, prestaciones en especie y en dinero, medicina preventiva, servicios médicos, pensiones, servicios de guardería etc. La seguridad social busca, para las personas trabajadoras, mejores niveles de bienestar y protección.

- Derecho a la estabilidad laboral.

  Como aspiración cada vez más difícil de alcanzar, la estabilidad en el empleo es la vía para adquirir mejores derechos laborales a largo plazo, que nos garanticen una vejez digna.

- Derecho a una jornada digna de trabajo.

  Definida como o el tiempo que el trabajador está a disposición del empleador o patrón. Así, podemos hablar de jornada diurna, nocturna y mixta. Hoy en día se discute en nuestro país la introducción de la jornada de 40 horas a la semana con dos días de descanso obligatorio.

- Derecho a la capacitación y el adiestramiento.

  Los empleadores tienen la obligación de otorgar capacitación y adiestramiento a sus trabajadores con el fin de mejorar su productividad, competitividad y calidad de vida. Este es un derecho de ida y vuelta, porque también el trabajador tiene la obligación de tomar la capacitación o el adiestramiento en beneficio propio y de la empresa.

- Derecho acondiciones higiénicas y de salud en el trabajo.

  La higiene en el trabajo está dirigida a identificar y controlar los factores detonantes de enfermedades o accidentes en el lugar de trabajo; por su parte la salud mental y emocional ha cobrado importancia en los últimos años al ser identificados riesgos psicosociales que afectan el ambiente laboral y la calidad de vida de los trabajadores.

- Derecho a la libre sindicación.

  Este derecho viene precedido por el derecho de libre asociación y se traduce en la libertad que tienen trabajadores y empleadores de poder formar sindicatos y de pertenecer o no a ellos sin ninguna consecuencia en su relación laboral. Los sindicatos tienen la libertad de organizarse y funcionar sin interferencia de los empleadores o el estado.

- Derecho a la huelga.

  Este es un derecho reservado para los trabajadores y consiste en la suspensión temporal del trabajo y cuya finalidad en términos generales es buscar un equilibrio entre trabajadores y empleador que se traduce en la búsqueda de mejores condiciones de trabajo o en el respeto de las ya otorgadas.

- Derecha a la negociación colectiva.

  Es un mecanismo de diálogo entre trabajadores y empleadores con la finalidad de lograr mejores condiciones de trabajo o conseguir que se respeten las ya acordadas; así como establecer mejores relaciones entre ambas partes.

- Derecho a un salario remunerador

  Entendido como la retribución que el empleador debe pagar al trabajador por su trabajo, el salario debe tener la característica de ser remunerador, en este sentido el salario mínimo contemplado en nuestra legislación es la cantidad menor que debe recibir en efectivo el trabajador por sus servicios durante una jornada laboral. Aquí lo complicado es que este salario debe ser suficiente para que un jefe o jefa de familia pueda satisfacer las necesidades básicas y mínimas de su familia en el orden social, cultura, deportiva, de esparcimiento etc. y también la educación obligatoria de sus hijos.

- Derecho a un salario igual por trabajo igual.

  Este reconocimiento a la igualdad retributiva debe hacerse sin distinción de sexo o nacionalidad, es decir, sin discriminación.

Estos derechos humanos laborales los encontramos en diversas disposiciones internacionales, mencionemos algunas:

Declaración Universal de los Derechos Humanos de 1948

Durante la Asamblea General de la Naciones Unidas en París, fue aprobada y constituyo un parteaguas en la protección de los derechos humanos en todo el mundo.

Art. 23.
Toda persona tiene derecho al trabajo, a la libre elección de su trabajo, a condiciones equitativas y satisfactorias de trabajo y a la protección contra el desempleo. 2. Toda persona tiene derecho, sin discriminación alguna, a igual salario por trabajo igual. 3. Toda persona que trabaja tiene derecho a una remuneración equitativa y satisfactoria, que le asegure, así como a su familia, una conforme a la dignidad humana y que será completada, en caso necesario, por cualesquiera otros medios de protección social. 4. Toda persona tiene derecho a fundar sindicatos y a sindicarse para la defensa de sus intereses.

Pacto de derechos económicos, sociales y culturales de 1976

Artículo 6
1. Los Estados Parte en el presente Pacto reconocen el derecho a trabajar, que comprende el derecho de toda persona a tener la oportunidad de ganarse la vida mediante un trabajo libremente escogido o aceptado, y tomarán medidas adecuadas para garantizar este derecho.
2. Entre las medidas que habrá de adoptar cada uno de los Estados Parte en el presente Pacto para lograr la plena efectividad de este derecho deberá figurar la orientación y formación tecnicoprofesional, la preparación de programas, normas y técnicas encaminadas a conseguir un desarrollo económico, social y cultural constante y la ocupación plena y productiva, en condiciones que garanticen las libertades políticas y económicas fundamentales de la persona humana.

Artículo 7
Los Estados Parte en el presente Pacto reconocen el derecho de toda persona al goce de condiciones de trabajo equitativas y satisfactorias que le aseguren en especial:
a) Una remuneración que proporcione como mínimo a todos los trabajadores:
i) Un salario equitativo e igual por trabajo de igual valor, sin distinciones de ninguna especie; en particular, debe asegurarse a las mujeres condiciones de trabajo no inferiores a las de los hombres, con salario igual por trabajo igual;

ii) Condiciones de existencia dignas para ellos y para sus familias conforme a las disposiciones del presente Pacto;

b) La seguridad y la higiene en el trabajo;

c) Igual oportunidad para todos de ser promovidos, dentro de su trabajo, a la categoría superior que les corresponda, sin más consideraciones que los factores de tiempo de servicio y capacidad;

d) El descanso, el disfrute del tiempo libre, la limitación razonable de las horas de trabajo y las vacaciones periódicas pagadas, así como la remuneración de los días festivos.

Artículo 8

1. Los Estados Parte en el presente Pacto se comprometen a garantizar:

a) El derecho de toda persona a fundar sindicatos y a afiliarse al de su elección, con sujeción únicamente a los estatutos de la organización correspondiente, para promover y proteger sus intereses económicos y sociales. No podrán imponerse otras restricciones al ejercicio de este derecho que las que prescriba la ley y que sean necesarias en una sociedad democrática en interés de la seguridad nacional o del orden público, o para la protección de los derechos y libertades ajenos;

b) El derecho de los sindicatos a formar federaciones o confederaciones nacionales y el de éstas a fundar organizaciones sindicales internacionales o a afiliarse a las mismas;

c) El derecho de los sindicatos a funcionar sin obstáculos y sin otras limitaciones que las que prescriba la ley y que sean necesarias en una sociedad democrática en interés de la seguridad nacional o del orden público, o para la protección de los derechos y libertades ajenos;

d) El derecho de huelga, ejercido de conformidad con las leyes de cada país.

2. El presente artículo no impedirá someter a restricciones legales el ejercicio de tales derechos por los miembros de las fuerzas armadas, de la policía o de la administración del Estado.

3. Nada de lo dispuesto en este artículo autorizará a los Estados Parte en el Convenio de la Organización Internacional del Trabajo de 1948 relativo a la libertad sindical y a la protección del derecho de sindicación a adoptar medidas legislativas que menoscaben las garantías previstas en dicho Convenio o a aplicar la ley en forma que menoscabe dichas garantías.

Declaración de la OIT relativa a los principios y derechos fundamentales en el trabajo y su seguimiento de 1998

Esta declaración fue adoptada en la 86ª Reunión de la Conferencia Internacional del Trabajo y enmendada en 2022. En su punto dos, señala:

Declara que todos los Miembros, aun cuando no hayan ratificado los convenios aludidos, tienen un compromiso que se deriva de su mera pertenencia a la Organización de respetar, promover y hacer realidad, de buena fe y de conformidad con la Constitución, los principios relativos a los derechos fundamentales que son objeto de esos convenios, es decir: a) la libertad de asociación y la libertad sindical y el reconocimiento efectivo del derecho de negociación colectiva; b) la eliminación de todas las formas de trabajo forzoso u obligatorio; c) la abolición efectiva del trabajo infantil; d) la eliminación de la discriminación en materia de empleo y ocupación; y e) un entorno de trabajo seguro y saludable.

Convenio sobre la libertad sindical y la protección del derecho de sindicación de 1948

Artículo 2

Los trabajadores y los empleadores, sin ninguna distinción y sin autorización previa, tienen el derecho de constituir las organizaciones que estimen convenientes, así como el de afiliarse a estas organizaciones, con la sola condición de observar los estatutos de las mismas.

Artículo 3

Las organizaciones de trabajadores y de empleadores tienen el derecho de redactar sus estatutos y reglamentos administrativos, el de elegir libremente sus representantes, el de organizar su administración y sus actividades y el de formular su programa de acción.

Las autoridades públicas deberán abstenerse de toda intervención que tienda a limitar este derecho o a entorpecer su ejercicio legal.

Artículo 5

Las organizaciones de trabajadores y de empleadores tienen el derecho de constituir federaciones y confederaciones, así como el de afiliarse a las mismas, y toda organización, federación o confederación tiene el derecho de afiliarse a organizaciones internacionales de trabajadores y de empleadores.

Convenio sobre el derecho de sindicación y negociación colectiva de 1949

Artículo 1

Los trabajadores deberán gozar de adecuada protección contra todo acto de discriminación tendiente a menoscabar la libertad sindical en relación con su empleo.

2. Dicha protección deberá ejercerse especialmente contra todo acto que tenga por objeto:

• (a) sujetar el empleo de un trabajador a la condición de que no se afilie a un sindicato o a la de dejar de ser miembro de un sindicato;

• (b) despedir a un trabajador o perjudicarlo en cualquier otra forma a causa de su afiliación sindical o de su participación en actividades sindicales fuera de las horas de trabajo o, con el consentimiento del empleador, durante las horas de trabajo.

Artículo 2

Las organizaciones de trabajadores y de empleadores deberán gozar de adecuada protección contra todo acto de injerencia de unas respecto de las otras, ya se realice directamente o por medio de sus agentes o miembros, en su constitución, funcionamiento o administración.

Se consideran actos de injerencia, en el sentido del presente artículo, principalmente, las medidas que tiendan a fomentar la constitución de organizaciones de trabajadores dominadas por un empleador o una organización de empleadores, o a sostener económicamente, o en otra forma, organizaciones de trabajadores, con objeto de colocar estas organizaciones bajo el control de un empleador o de una organización de empleadores.

Artículo 3

Deberán crearse organismos adecuados a las condiciones nacionales, cuando ello sea necesario, para garantizar el respeto al derecho de sindicación definido en los artículos precedentes.

Artículo 4

Deberán adoptarse medidas adecuadas a las condiciones nacionales, cuando ello sea necesario, para estimular y fomentar entre los empleadores y las organizaciones de empleadores, por una parte, y las organizaciones de trabajadores, por otra, el pleno desarrollo y uso de procedimientos de negociación voluntaria, con objeto de reglamentar, por medio de contratos colectivos, las condiciones de empleo.

Convenio sobre la edad mínima de 1973

Artículo 1

Todo Miembro para el cual esté en vigor el presente Convenio se compromete a seguir una política nacional que asegure la abolición efectiva del trabajo de los niños y eleve progresivamente la edad mínima de admisión al empleo o al trabajo a un nivel que haga posible el más completo desarrollo físico y mental de los menores.

Artículo 2

Todo Miembro que ratifique el presente Convenio deberá especificar, en una declaración anexa a su ratificación, la edad mínima de admisión al empleo o al trabajo en su territorio y en los medios de transporte matriculados en su territorio; a reserva de lo dispuesto en los artículos 4 a 8 del presente Convenio, ninguna persona menor de esa edad deberá ser admitida al empleo o trabajar en ocupación alguna.

La edad mínima fijada en cumplimiento de lo dispuesto en el párrafo 1 del presente artículo no deberá ser inferior a la edad en que cesa la obligación escolar, o en todo caso, a quince años.

Convenio sobre la igualdad de remuneración de 1951

Artículo 1

A los efectos del presente Convenio:

• (a) el término ***remuneración*** comprende el salario o sueldo ordinario, básico o mínimo, y cualquier otro emolumento en dinero o en especie pagados por el empleador, directa o indirectamente, al trabajador, en concepto del empleo de este último;

• (b) la expresión ***igualdad de remuneración entre la mano de obra masculina y la mano de obra femenina por un trabajo de igual valor*** designa las tasas de remuneración fijadas sin discriminación en cuanto al sexo.

Artículo 2

• 1. Todo Miembro deberá, empleando medios adaptados a los métodos vigentes de fijación de tasas de remuneración, promover y, en la medida en que sea compatible con dichos métodos, garantizar la aplicación a todos los trabajadores del principio de igualdad de remuneración entre la mano de obra masculina y la mano de obra femenina por un trabajo de igual valor.

• 2. Este principio se deberá aplicar sea por medio de:

• (a) la legislación nacional;

• (b) cualquier sistema para la fijación de la remuneración, establecido o reconocido por la legislación;

• (c) contratos colectivos celebrados entre empleadores y trabajadores; o

• (d) la acción conjunta de estos diversos medios.

Convenio 111 sobre la discriminación (empleo y ocupación) de 1958

Artículo 1

1. A los efectos de este Convenio, el término ***discriminación*** comprende:

• (a) cualquier distinción, exclusión o preferencia basada en motivos de raza, color, sexo, religión, opinión política, ascendencia nacional u origen social que tenga por efecto anular o alterar la igualdad de oportunidades o de trato en el empleo y la ocupación;

- (b) cualquier otra distinción, exclusión o preferencia que tenga por efecto anular o alterar la igualdad de oportunidades o de trato en el empleo u ocupación que podrá ser especificada por el Miembro interesado previa consulta con las organizaciones representativas de empleadores y de trabajadores, cuando dichas organizaciones existan, y con otros organismos apropiados.
- 2. Las distinciones, exclusiones o preferencias basadas en las calificaciones exigidas para un empleo determinado no serán consideradas como discriminación.
- 3. A los efectos de este Convenio, los términos empleo y ocupación incluyen tanto el acceso a los medios de formación profesional y la admisión en el empleo y en las diversas ocupaciones como también las condiciones de trabajo.

El convenio 190 sobre la violencia y el acoso del 2019, se convierte en el primer documento dedicado exclusivamente a la eliminación de la violencia y el acoso en el ámbito laboral. Pero quizá lo más relevante es que incorpora un enfoque de género en sus disposiciones. Se parte de reconocer que son las mujeres las que sufren mayoritariamente la violencia y el acoso por razón de genero y que no basta con disposiciones para su sanción, sino que es necesario un enfoque inclusivo e integrado que tome en cuenta las causas subyacentes y los factores de riesgo en estas conductas, como puede ser los estereotipos de genero y diversas formas de discriminación incluyendo las relaciones de poder.

Resulta innovador el concepto compuesto que se plantea de violencia y acoso: "conjunto de comportamientos y practicas inaceptables, o de amenazas de tales comportamientos y prácticas, ya sea que se manifiesten una sola vez o de manera repetida, que tengan por objeto, que causen o sean susceptibles de causar, un daño físico, psicológico, sexual o económico, e incluyendo la violencia y el acoso por razón de género". (C.190, 2019)

Pero va más allá el Convenio al establecer también una definición de violencia y acoso por razón de género: "violencia y acoso que van dirigidos contra las personas por razón de su sexo o género, o que afectan de manera desproporcionada a personas de un sexo o genero determinado, e incluye el acoso sexual". (C.190, 2019)

Con una visión integrada, inclusiva y de genero se reconocen la igualdad, la no discriminación, la seguridad y la salud laboral en un solo documento y se obliga a los estados a ser proactivos en la elaboración de políticas para alcanzar entornos laborales seguros y saludables.

1.3. DE QUE VA EL GÉNERO

Hoy en día no se entiende un estado inclusivo sin la participación de las mujeres, donde las estructuras y opciones de desarrollo estén plenamente garantizadas.

Esto no se entiende sin erradicar la violencia de género, la invisibilidad pública y la protección de derechos de índole económicos; además, es importante identificar la falta de homogeneidad en la población femenina, distinguir entre mujeres rural, urbana con trabajo en la economía formal o informal etc.

De acuerdo con la Agenda 2030 (ONU, 2015) y los objetivos de desarrollo sostenible, para eliminar la inequidad de género se debe trabajar en 7 ejes:

1. Combatir las normas adversas y promover los modelos positivos.
2. Asegurar la protección jurídica y reformar las leyes y regulaciones discriminatorias.
3. Reconocer, reducir y redistribuir el trabajo y cuidado no remunerados.
4. Generar activos digitales, financieros de propiedad.
5. Cambiar la cultura y las prácticas empresariales.
6. Mejorar las prácticas del sector público en el empleo.
7. Fortalecer la visibilidad, la voz colectiva y la representación.

En la edición 2018 del Foro Económico Mundial el llamado fue a impulsar la educación y el financiamiento a las mujeres como vía de empoderamiento e igualdad de género, cuestión que no resulta novedosa y cuya implementación ha resultado insuficiente. Se debe insistir en un desarrollo inclusivo donde se consideren las necesidades específicas de las mujeres en la planeación y el financiamiento de proyectos, y para ello es necesario que más mujeres ocupen posiciones de toma de decisiones. Es necesario trabajar en liderazgos corporativos que no discriminen y que faciliten una mejor distribución de las labores no remuneradas, así como crear facilidades de financiamiento que ayuden a las mujeres a lograr la suficiencia financiera a través de más y mejores oportunidades para demostrar su capacidad y reafirmar la confianza en sus habilidades (Berrocal, 2018)

Es aquí donde las mujeres se enfrentan a la dificultad de hacer compatible la vida laboral y familiar. No hemos logrado superar la visión tradicional de la división sexual dl trabajo perpetuando los roles de cuidadoras a mujeres que se convierten también en proveedoras.

1.3.1 Perspectiva, equidad, estereotipos y roles de género

Perspectiva de género

Utilizada como una herramienta conceptual, la perspectiva de género se basa en las diferencias culturales que les son asignadas a hombres y mujeres más allá de la diferencia biológica, los cuales pueden cuestionarse y modificarse y se analizan en un contexto social determinado.

De acuerdo con la Ley General para la Igualdad entre Mujeres y Hombres (2006), la perspectiva de género se refiere a la metodología y los mecanismos que permiten identificar, cuestionar y valorar la discriminación, desigualdad y exclusión de las mujeres, que se pretende justificar con base en las diferencias biológicas entre mujeres y hombres, así como las acciones que deben emprenderse para actuar sobre los factores de género y crear las condiciones de cambio que permitan avanzar en la construcción de la igualdad de género.

Según la Organización mundial de la salud (OMS, 2007), el enfoque de Salud Pública basado en el género parte del reconocimiento de las diferencias entre el hombre y la mujer. Más adelante, la OMS (2009), define la incorporación de la perspectiva de género como el proceso de evaluación de las consecuencias para las mujeres y los hombres de cualquier actividad planificada, incluyendo las leyes, políticas o programas, en todos los sectores y a todos los niveles.

En opinión de Gómez y Vela (2021) Es una herramienta que permite detectar, entender y, ultimadamente, enmendar diferencias de género ilegítimas que vulneran los derechos de las personas, particularmente de las mujeres. Es una herramienta que puede ser adaptada a múltiples disciplinas y contextos.

Para alcanzar algún tipo de significado, Scott (1986) señala "necesario considerar tanto los sujetos individuales como la organización social, y descubrir la naturaleza de sus interrelaciones, porque todo ello es crucial para comprender como actúa el género, como tiene lugar el cambio".

Al establecer su definición de género lo hace en dos partes: el primero lo identifica como un elemento formativo de las relaciones sociales que se basan en la diferencia de sexos; el segundo lo fundamenta al considerar al género como una forma primaria de relaciones significantes de poder.

A la primera parte le asigna cuatro elementos interrelacionados: 1. Símbolos culturales que evocan representaciones; 2. Conceptos normativos cuya finalidad es interpretar el significado de los símbolos; 3. La construcción del género a través del parentesco y; 4. La identidad subjetiva.

Finalmente, "Lo que define al género es la acción simbólica colectiva. Mediante el proceso de constitución del orden simbólico en una sociedad se fabrican las ideas de lo que deben ser los hombres y las mujeres" (Lamas, 1999).

Lamas va más allá, al señalar que la categoría género, como construcción social, es producto de la crítica feminista de considerar al sexo como algo inalterable y fijo, y es aquí donde la perspectiva de género ha jugado un papel decisivo planteando un punto de vista diferente sobre el sexo.

Aquí podríamos preguntarnos ¿Por qué hoy debemos hablar de perspectiva de género? Para entender la importancia de esta herramienta es necesario recorrer brevemente el camino que ha seguido para forjarse.

Podemos afirmar que las diferenciaciones injustificadas son el punto de partida de la perspectiva de género. Tiempo atrás, a las personas no solo se les asignaban, de acuerdo con los cuerpos con los que nacían, identidades distintas —hombre, mujer— sino también funciones, intereses y lugares distintos en la sociedad. Aquí el orden jurídico jugaba un papel importante al replicar y reforzar derechos y obligaciones distintas para hombres y mujeres.

En materia laboral que es la que nos interesa, podemos encontrar muchas distinciones en razón del género plasmadas en el orden jurídico a lo largo de la historia, sin embargo, resaltaremos el gran salto que se da en nuestro país en 1974 al establecer a nivel constitucional en el artículo 4° la igualdad ante la ley para el varón y la mujer, a partir de ahí se empezaron a eliminar muchas restricciones en materia laboral para las mujeres quedando como única diferencia los derechos y obligaciones en periodo de gestación para las mujeres trabajadoras.

A nivel internacional los esfuerzos no eran menores, teniendo como resultado la Convención sobre la Eliminación de todas las formas de discriminación contra la mujer (1981), ratificada por nuestro país en 1981.

Consideramos oportuno destacar el contenido del artículo 11 relativo a la materia laboral:

> 1. Los Estados Parte adoptarán todas las medidas apropiadas para eliminar la discriminación contra la mujer en la esfera del empleo a fin de asegurar a la mujer, en condiciones de igualdad con los hombres, los mismos derechos, en particular:
>
> a) El derecho al trabajo como derecho inalienable de todo ser humano;
>
> b) El derecho a las mismas oportunidades de empleo, inclusive a la aplicación de los mismos criterios de selección en cuestiones de empleo;
>
> c) El derecho a elegir libremente profesión y empleo, el derecho al ascenso, a la estabilidad en el empleo y a todas las prestaciones y otras condiciones de servicio, y el derecho a la formación profesional y al readiestramiento, incluido el aprendizaje, la formación profesional superior y el adiestramiento periódico;
>
> d) El derecho a igual remuneración, inclusive prestaciones, y a igualdad de trato con respecto a un trabajo de igual valor, así como a igualdad de trato con respecto a la evaluación de la calidad del trabajo;
>
> e) El derecho a la seguridad social, en particular en casos de jubilación, desempleo, enfermedad, invalidez, vejez u otra incapacidad para trabajar, así como el derecho a vacaciones pagadas;
>
> f) El derecho a la protección de la salud y a la seguridad en las condiciones de trabajo, incluso la salvaguardia de la función de reproducción.
>
> 2. A fin de impedir la discriminación contra la mujer por razones de matrimonio o maternidad y asegurar la efectividad de su derecho a trabajar, los Estados Parte tomarán medidas adecuadas para:
>
> a) Prohibir, bajo pena de sanciones, el despido por motivo de embarazo o licencia de maternidad y la discriminación en los despidos sobre la base del estado civil;

> b) Implantar la licencia de maternidad con sueldo pagado o con prestaciones sociales comparables sin pérdida del empleo previo, la antigüedad o los beneficios sociales;
>
> c) Alentar el suministro de los servicios sociales de apoyo necesarios para permitir que los padres combinen las obligaciones para con la familia con las responsabilidades del trabajo y la participación en la vida pública, especialmente mediante el fomento de la creación y desarrollo de una red de servicios destinados al cuidado de los niños;
>
> d) Prestar protección especial a la mujer durante el embarazo en los tipos de trabajos que se haya probado puedan resultar perjudiciales para ella.

Como vemos, se establecen derechos que ya nuestro país contemplaba en su legislación, pero se reitera que estos derechos laborales se deben de garantizar a las mujeres, pues es común que siempre se encuentren razones para no cumplir con estas protecciones.

Dentro de las obligaciones asignadas a los estados se destaca la de erradicar las normas, de cualquier rango, que provocaran discriminación; pero la obligación de los estados va más allá, al tener que garantizar que ninguna autoridad o institución pública ejerza discriminación al realizar sus funciones; esta obligación de los estados se extendió también a erradicar la discriminación que puedan ejercer las personas, las organizaciones o las empresas del sector privado.

Mención especial se hace a la eliminación de la discriminación directa e indirecta, que de acuerdo con el Comité de la Convención son definidas de la siguiente manera:

> Se entiende por discriminación directa contra la mujer la que supone un trato diferente fundado explícitamente en las diferencias de sexo y género. La discriminación indirecta contra la mujer tiene lugar cuando una ley, una política, un programa o una práctica parece ser neutra por cuanto se refiere tanto a los hombres como a las mujeres, pero en la práctica tiene un efecto discriminatorio contra la Perspectiva de género y derecho laboral de la mujer porque las desigualdades preexistentes no se han tenido en cuenta en la medida aparentemente neutra. Además, la discriminación indirecta puede exacerbar las desigualdades existentes por la falta de reconocimiento de los patrones estructurales e históricos de discriminación y el desequilibrio de las relaciones de poder entre la mujer y el hombre.

Otro punto destacable son las acciones afirmativas que contemplo la Convención para hacer realidad la igualdad, al señalar en su artículo 4º:

> 1. La adopción por los Estados Parte de medidas especiales de carácter temporal encaminadas a acelerar la igualdad de facto entre el hombre y la mujer no se considerará discriminación en la forma definida en la presente Convención, pero de ningún modo entrañará, como consecuencia, el mantenimiento de normas desiguales o separadas; estas medidas cesarán cuando se hayan alcanzado los objetivos de igualdad de oportunidad y trato.

Posteriormente en 1994, reunida en Belem do Para, Brasil, la Asamblea General de la OEA adopta la Convención Interamericana para prevenir, sancionar y erradicar la violencia contra la mujer. Sin embargo, las mujeres y niñas de la región siguen sufriendo la discriminación y la violencia pues los mecanismos de justicia nacionales e internacionales han sido inoperantes, ya sea beneficiando a pequeños grupos o debido a los escasos conocimientos que los operadores jurídicos tienen sobre los estándares interamericanos de protección desarrollados por la Convención. (Mejía, 2012, p. 9)

La Convención Interamericana (1994) define en su artículo 1° la violencia contra la mujer como "cualquier acción o conducta, basada en su género, que cause muerte, daño o sufrimiento físico, sexual o psicológico a la mujer, tanto en el ámbito público como en el privado".

Se resalta que esta violencia puede darse dentro de la familia, en el hogar o dentro de cualquier relación interpersonal, así como la que se presente en la comunidad, instituciones de educación, de salud o cualquier otro lugar.

Por su parte los estados firmantes adquieren la obligación de llevar a cabo políticas y acciones encaminadas a tener una legislación apropiada para prevenir, sancionar y erradicar la violencia contra la mujer, así como la implementación de programas para modificar los patrones socioculturales de conducta de hombres en mujeres.

Como podemos observar, los mecanismos y estrategias implementados contra la violencia en razón de género son muchas; sin embargo, no han sido suficientes para frenar la situación de miles de mujeres en el mundo.

Equidad de género

Cuando las necesidades, intereses y preferencias de mujeres y hombres son tomados en cuenta por igual, estamos ante la equidad de género.

Si bien, nuestro objeto de estudio son las mujeres, debemos puntualizar que la equidad de género hace referencia a ambos sexos (masculino-femenino), de lo contrario estaríamos de inicio incurriendo en discriminación y exclusión y seria como señala Dosal (2017) "como un deportista que cuida de solo un lado de su cuerpo".

El género hace referencia a símbolos, valores, normas etc., en el ámbito social, familiar, sexual y político vigentes en una época o sociedad y en relación directa con la cultura, religión etnia etc. (López, p. 3, 2005), pero también lo encontramos en el ámbito laboral, la segregación ocupacional, por ejemplo, sigue siendo un tema pendiente entre mujeres y hombres.

La equidad de género en materia laboral tiene que ver también con acceso a las oportunidades de trabajo, la distribución de las tareas del hogar, la remuneración igualitaria, entre muchas otras. Y son estas desigualdades las que dan fundamento a las discusiones sobre equidad de género en el mundo del trabajo.

Estereotipos y roles de género

Los roles y estereotipos de género son una fuente de discriminación que mayoritariamente sufren las mujeres, pues genera exclusión o restricción para el disfrute de derechos.

Los roles de género son una construcción social que se aprende en la familia, la escuela, amigos, medios de comunicación, sociedad etc., por ejemplo:

- Los niños visten de azul y las niñas de rosa
- Los niños juegan con carros, aviones o pelotas y las niñas juegan con muñecas y trastes de cocina.
- Las mujeres tienen un rol reproductivo y se quedan en casa al cuidado de los hijos
- El varón tiene un rol de proveedor y sale a buscar trabajo

Los estereotipos se basan en creencias o características que asignan a hombres y mujeres con base en lo que consideramos femenino y masculino; por ejemplo:

- Mujeres: sensibilidad, dulzura, debilidad, subordinación, pasividad, dependencia.
- Hombres: Fuerza, inteligencia, autoridad, rudeza, independencia.

Un estereotipo asociado a la división sexual del trabajo es el que considera que existen espacios reservados y de especialización de acuerdo con el género.

Al suscribir la Convención sobre la eliminación de todas las formas de discriminación contra la mujer (CEDAW), nuestro país adquirió el compromiso de erradicar los estereotipos de género mediante acciones puntuales de las instituciones gubernamentales para acelerar condiciones que promuevan la igualdad y dignidad.

En este contexto surge el Programa Nacional para la Igualdad entre Mujeres y Hombres 2020-2024 (2020), articulado bajo seis objetivos prioritarios:

1.- Potenciar la autonomía económica de las mujeres para cerrar brechas históricas de desigualdad.

2.- Generar las condiciones para reconocer, reducir y redistribuir los trabajos domésticos y de cuidados de las personas entre las familias, el Estado, la comunidad y el sector privado.

3.- Mejorar las condiciones para que mujeres, niñas y adolescentes accedan al bienestar y la salud sin discriminación desde una perspectiva de derechos.

4.- Combatir los tipos y modalidades de violencia contra las mujeres, niñas y adolescentes, preservando su dignidad e integridad.

5.- Posicionar la participación igualitaria de las mujeres en la toma de decisiones en los ámbitos político, social, comunitario y privado.

6.- Construir entornos seguros y en paz para las mujeres, niñas y adolescentes.

Para solventar estos objetivos el programa diseño estrategias y acciones puntuales que tienen que ver con:

> Promover la ratificación, adhesión y cumplimiento de México a los tratados internacionales y regionales que protegen los derechos laborales de las mujeres, la existencia de condiciones para el trabajo decente y garantizan la no discriminación en el empleo; Impulsar proyectos culturales comunitarios para reforzar el reconocimiento y valorización de las capacidades productivas de las mujeres en su diversidad y la transformación de los roles de género; Promover el reconocimiento del cuidado como un derecho humano que debe ser garantizado por el Estado y generar las condiciones para su ejercicio pleno; Realizar acciones de fortalecimiento de los servicios de cuidado dirigidos a personas con discapacidad mediante la promoción de esquemas tripartitas de participación (gobierno, sector privado, personas usuarias) regulados y supervisados por el Estado; Impulsar acciones para la corresponsabilidad en el sector privado para la provisión y prestación de servicios de cuidados e implementación de horarios flexibles; Desarrollar una estrategia de comunicación social que promueva el reconocimiento y redistribución de las tareas de cuidado, con énfasis en la obligación y derecho de los hombres a participar en la crianza, cuidados y sano desarrollo de hijas e hijos; Incorporar la perspectiva de género en el diseño e implementación de proyectos de espacios públicos, equipamiento urbano, así como proyectos de movilidad y conectividad, a fin de que sean seguros, inclusivos y accesibles (2020).

Sin embargo, al momento que esto se escribe, sigue sin aprobarse la Ley general del sistema nacional de cuidados.

Capítulo 2

Desigualdades de género

2.1 IGUALDAD DE TRATO, NO DISCRIMINACIÓN Y VIOLENCIA LABORAL EN RAZÓN DE GÉNERO.

La igualdad en el trabajo, no discriminación y detener la agresión en el trabajo son elementos importantes en cualquier sociedad abierta que quiera cuidar los derechos humanos en el trabajo. Hoy, organismos internacionales como la Organización Internacional del Trabajo y la Organización de las Naciones Unidas (ONU) han dicho que un buen trabajo se traduce no solo en ganar dinero, sino también el hacer valer los derechos de cada uno sin importar su género, edad, raza, orientación sexual, religión o cualquier otra cosa personal. La importancia de esto es muy clara, pues la violencia en el trabajo y la discriminación crean ambientes laborales poco saludables, bajan la productividad y dañan las relaciones interpersonales.

IGUALDAD DE TRATO EN EL ÁMBITO LABORAL

La equidad en el bienestar laboral se refiere al principio que indica que todos los trabajadores deben tener las mismas oportunidades y condiciones en el trabajo, sin tomar en cuenta sus características personales o sociales. La OIT (2019) explica que la equidad es "la falta de cualquier diferencia, bloqueo o elección que tenga como resultado borrar o cambiar las mismas oportunidades o trato en el empleo". En los lugares de trabajo, la igualdad de trato se ve cuando las normas internas aseguran la equidad entre los procesos de contratación, ascenso, retribución y acceso a capacitaciones. Por ejemplo, la Ley Federal del Trabajo en México (2023) señala en su artículo 3° que el trabajo debe hacerse en maneras que cuiden la vida,la salud; y un nivel económico bueno para el trabajador, sin hacer distinción alguna. Algunos estudios han mostrado que las empresas que tratan a todos de manera igual generalmente retienen mayor tiempo a sus empleados con una mayor lealtad y sentido de pertenencia.

No olvidemos que las reglas que toman en cuenta a todos los trabajadores en cuanto al trabajo ayudan a que se sientan más parte de la empresa, lo que incide de manera directa su productividad. Así, el tratar a todos igualmente no solo tiene consecuencias legales y morales, sino también económicas.

NO DISCRIMINACIÓN EN EL TRABAJO

Cuando se habla de no discriminación es algo que sale directamente del principio de igualdad, pero se concentra en borrar acciones que dejen fuera o humillen a ciertos grupos. Según el Tratado 111 de OIT (1958), la discriminación laboral puede ser cualquier diferencia basada en razones como raza, color, sexo, religión creencia política lugar de origen que tenga por efecto romper el trato igualitario entre las personas.

En el entorno mexicano, la Constitución Política de los Estados Unidos Mexicanos (CPEUM) establece en su artículo 1° que no se puede discriminar a nadie por razones de origen étnico, género, sexo, edad, discapacidad, condición social o económica o cualquier otra característica que no deje que todos tengamos los mismos derechos y oportunidades. El tener procesos laborales libres de discriminación obligatorio tanto para el sector público como para el privado

La distinción se expresa en varias formas: desde acciones suaves, como dejar fuera a un individuo de oportunidades de aprender, hasta actos más claros como el maltrato en el trabajo por razones de género. La discriminación en el trabajo puede ser directa, cuando existe un acto claro que margina a un individuo, o indirecta, cuando las reglas que parecen justas terminan afectando más a ciertos grupos. Por esta razón, es muy importante que las empresas usen reglas de inclusión que aparezcan en todos los rangos jerárquicos.

VIOLENCIA LABORAL

La violencia en el trabajo es un tema difícil que incluye golpes hasta daño mental, intimidación, insinuaciones sexuales y molestar. La violencia y el acoso en el trabajo son comportamientos y practicas inaceptables, o de amenazas de tales comportamientos y prácticas, ya sea que se manifiesten de manera única o repetida, que tengan por objeto causar un daño físico, psicológico, sexual o económico.

Hay varias formas de violencia en el trabajo:

1. Acoso psicológico o mobbing: actos repetidos que intentan asustar o alterar a un empleado.
2. Acoso sexual: acciones de un tipo sexual no queridas que hagan un lugar incómodo.
3. Hostigamiento laboral: uso incorrecto del poder para herir la dignidad de un trabajador.
4. Violencia física: golpes que suceden dentro del sitio de trabajo.

Según un estudio de la CNDH (2022), un 23% de trabajadores en México dice haber sido víctima de algún tipo de violencia en el trabajo. Este dato muestra lo grande que es el problema y que hacen falta formas para evitarlo. Además, la violencia en el trabajo no solo daña a la persona afectada, sino también al ambiente laboral creando un lugar de miedo y falta de confianza que afecta mucho a la productividad.

La OIT ha impulsado numerosas recomendaciones y medidas que sirven de guía para los países. Por ejemplo, el Convenio 190 (2019) sobre la violencia y el acoso, establece directrices explicitas para combatir la violencia y las agresiones en el lugar de trabajo. Esta herramienta reconoce que el trabajo decente y la igualdad de oportunidades son incompatibles con la violencia y el abuso.

En México, la Norma oficial mexicana 035 (STPS, 2018) Factores de riesgo psicosocial en el trabajo, exige a las organizaciones identificar, analizar y prevenir los factores de riesgo psicosocial, incluida la violencia en el trabajo, lo que ha supuesto un avance significativo, ya que obliga a crear un clima organizacional positivo.

A nivel internacional, la Unión Europea también ha desarrollado directivas contra la violencia y la discriminación en el lugar de trabajo. Según la Comisión Europea (2020), los empleadores tienen la obligación de garantizar un lugar de trabajo seguro y libre de violencia y deben establecer procedimiento de denuncia eficaces y accesibles.

A pesar de que el marco normativo es sólido, existen varios obstáculos para su aplicación práctica, debido a que las victimas suelen acusar a los empleadores de represión o falta de confianza en los mecanismos internos. Además, algunas organizaciones carecen de protocolos claros o de personal capacitado para gestionar casos de violencia en el lugar de trabajo.

Sin embargo, el principal desafío no es la falta de leyes, sino la ausencia de una cultura organizacional que refleje eficazmente la igualdad y la no discriminación. Esto implica que la legislación debe ir acompañada de campañas de sensibilización, formación continua y liderazgo inclusivo. Además, las pequeñas y medianas empresas suelen carecer de recursos para implementar programas formales de prevención, lo que aumenta el riesgo de que las prácticas discriminatorias o violentas pasen desapercibidas. En este sentido se necesitan políticas públicas que apoyen a este tipo de organizaciones en la implementación de buenas prácticas.

Para contrarrestar el panorama anterior, se sugieren algunas acciones que ayudarían a crear entornos laborales libres de violencia y discriminación:

1. Políticas de tolerancia cero: establecer y comunicar claramente que cualquier forma de violencia o discriminación será sancionada.

2. Protocolos de denuncia: crear mecanismos accesibles y confidenciales para que los empleados puedan reportar incidentes sin temor.

3. Capacitación continua: educar a todo el personal sobre igualdad de género, diversidad e inclusión.

4. Monitoreo y evaluación: implementar auditorías internas y encuestas de clima laboral para identificar áreas de mejora. Promover un liderazgo inclusivo también es esencial.

Habría que entender, que la igualdad de trato, la no discriminación y la prevención de la violencia laboral, no son solo requisitos legales, sino que también son esenciales para la viabilidad a largo plazo de las empresas y el bienestar de sus empleados. La evidencia muestra que los entornos seguros e inclusivos promueven la creatividad, la productividad y la retención del talento.

Sin embargo, aún existen obstáculos importantes para la implementación de estas políticas, como la necesidad de fortalecer la cultura organizacional y la falta de protocolos claros. Es urgente que empleadores y empleados adopten las normas que sobre estos temas obligan a ambas partes para caminar hacia espacios laborales que dignifiquen el trabajo humano.

2.2 TELETRABAJO Y MUJER: RELACIÓN PELIGROSA

Posterior a la etapa de pandemia por COVID, en México la reforma del 11 de enero del 2021 en materia de teletrabajo sentó los lineamientos de regulación de una modalidad en expansión que se pensó beneficiaria en gran medida a las mujeres. Con la reforma se modifica el artículo 311 y se adiciona un Capítulo XII Bis con los artículos 330-A; 330-B; 330-C; 330-D; 330-E; 330-F; 330-G; 330-H; 330-I; 330-J y 330-K de la Ley Federal del Trabajo,

El artículo 330-A define al teletrabajo como una forma de organización laboral subordinada que consiste en el desempeño de actividades remuneradas, en lugares distintos al establecimiento o establecimientos del patrón, por lo que no se requiere la presencia física de la persona trabajadora bajo la modalidad de teletrabajo, en el centro de trabajo, utilizando primordialmente las tecnologías de la información y comunicación, para el contacto y mando entre la persona trabajadora bajo la modalidad de teletrabajo y el patrón.

Para que se materialice esta modalidad se requiere que el trabajo sea desempeñado en un lugar distinto al de la empresa y que se utilicen tecnologías de la información y comunicación como redes, software, aplicaciones informáticas etc. Por otra parte, el desempeñar el trabajo de manera esporádica u ocasional a distancia no actualiza la figura del teletrabajo, para ello cuando menos el 40% del trabajo debe realizarse en lugar distinto al de la empresa.

Aunadas a las obligaciones generales, bajo esta categoría de teletrabajo, el patrón tiene otras muy específicas:

- Proporcionar e instalar los equipos necesarios para el desarrollo del trabajo como computadora, impresoras, sillas ergonómicas etc.
- Se debe llevar un registro de los insumos entregados.
- Los gastos de electricidad y servicios de internet deben ser adsorbidos por el patrón.

- Se debe garantizar la protección de la información y datos usados por el trabajador en el desempeño de su labor.
- En cualquier momento el trabajador podrá optar por regresar al modo presencial de sus labores previo acuerdo entre las partes donde se establezcan los tiempos y las formas de hacerlo. (Montalvo, 2024, p. 319)

A partir del 5 de diciembre del 2023, entro en vigor en nuestro país la Norma Oficial Mexicana 037 Teletrabajo. Condiciones de seguridad y salud en el trabajo. Esta norma emitida por la Secretaria del Trabajo y previsión Social (STPS) establece los lineamientos para asegurar condiciones justas y equitativas en el desarrollo de las actividades en el ámbito del teletrabajo.

Aquí consideramos importante resaltar los siguientes:

- Contar con condiciones de seguridad y salud en el trabajo, con énfasis en el buen estado de las instalaciones eléctricas; con iluminación, ventilación y condiciones ergonómicas.
- Establecer mecanismos de comunicación con las personas trabajadoras. Los mecanismos y reglas de contacto entre el empleador y el trabajador siempre deben privilegiar garantizar el derecho a la privacidad del teletrabajador y ser proporcionales a su objetivo, sin interferir en la relación trabajo-familia.
- Señalar en el contrato el derecho a las pausas para descanso y a la desconexión digital en horarios no laborales.
- Se debe promover la perspectiva de género y otorgar facilidades para conciliar la vida personal de los trabajadores.
- Contar con mecanismos que permitan la reversibilidad del teletrabajo, inclusive de forma temporal.
- Capacitación sobre las condiciones de seguridad y salud que deben tener y mantener en su lugar de trabajo.
- Contar y dar a conocer al trabajador mecanismo de atención para casos de violencia familiar, contemplando la posibilidad del retorno a la modalidad presencial temporal o permanente.

2.3 SALUD LABORAL

Es importante precisar la diferencia entre los riesgos y los factores psicosociales; los primeros son patologías, síntomas o estados del organismo de los trabajadores que pueden afectar su salud; los segundos son situaciones o entornos laborales que pueden provocar los riesgos.

La OIT definió los factores de riesgo psicosocial (peligros psicosociales) en 1984, en términos de "las interacciones entre el medio ambiente de trabajo, el contenido del trabajo, las condiciones de organización y las capacidades, las necesidades y la cultura del trabajador, las consideraciones personales externas al trabajo que pueden —en función de las percepciones y la experiencia— tener influencia en la salud, el rendimiento en el trabajo y la satisfacción laboral".

Los factores de riesgos psicosociales pueden ser del entorno y puesto de trabajo como cargas excesivas que implican exigencias psicológicas; horarios irregulares; falta de claridad en las funciones etc. Pueden originarse también por factores organizativos como un clima y cultura organizativa deficiente; ausencia de mecanismos de prevención de riesgos; salario insuficiente y valoración inadecuada de puestos de trabajo etc. Pueden derivarse de relaciones de trabajo donde existe el acoso sexual; la violencia laboral o el *mobbing,* o derivarse de la carga de trabajo donde la doble jornada impide la conciliación de demandas laborales y familiares y el descanso suficiente.

Estos factores pueden incidir en el rendimiento, satisfacción y la salud en el trabajo. Adicionalmente estos factores provocan riesgos psicosociales como el estrés laboral, el Burnout o la violencia en el trabajo.

Los riesgos psicosociales son aquellos que tienen una alta probabilidad de tener consecuencias importantes para la salud de los trabajadores; son hechos, acontecimientos, situación o estado del organismo que es consecuencia de los contextos laborales y organización del trabajo en general.

Estos riesgos psicosociales pueden provocar trastornos de ansiedad y no orgánicos del ciclo sueño-vigilia (ciclo circadiano) y de estrés grave y de adaptación.

Entre los factores de riesgo psicosocial haremos mención especial, más adelante, a la doble jornada y su impacto en la salud de las mujeres, pues consideramos que ellas son quienes se ven más afectadas por la convergencia de desempeñar un trabajo remunerado y simultáneamente el trabajo de cuidado de la familia y el hogar y reproductivo con la sobrecarga que les implica.

Para la OIT (1986) "La doble jornada o doble presencia es la necesidad de responder a las demandas del trabajo remunerado y del trabajo doméstico-familiar o reproductivo. Esta necesidad de compaginar ambos trabajos plantea un conflicto de tiempos, puesto que las demandas se pueden producir de forma simultánea, y también un aumento de la carga total de trabajo, lo que repercute directamente sobre la salud de las personas".

La Norma Oficial Mexicana 037 (2023) contempla determinadas acciones encaminadas a la prevención de riesgos de trabajo provocados por factores de riesgo psicosocial como:

- Disponer de un espacio físico donde se eviten las interrupciones de personas ajenas a las labores inherentes al teletrabajo que puedan afectar sus actividades.
- Procurar mecanismos que posibiliten la flexibilidad de jornadas que permitan conciliare la vida familiar y personal con el trabajo y faciliten la atención de responsabilidades familiares, todo ello con una perspectiva de género.
- Mantener una comunicación permanente entre trabajador y patrón para atender casos de violencia familiar.
- Contar con pausas y tiempos de descanso adecuados para los trabajadores bajo la modalidad del teletrabajo.
- Respetar el derecho a la desconexión de los teletrabajadores al término de su jornada y en periodos de vacaciones, permisos etc.
- La capacitación y el adiestramiento en el teletrabajo debe ir enfocado en poder identificar riesgos psicosociales como la interferencia en la relación trabajo-familia, los ritmos de trabajo acelerado, la carga de trabajo, la comunicación entre trabajadores, el apoyo social y la violencia, entre otros.

Es indiscutible que los empleadores en sus organizaciones deben ocuparse y preocuparse por crear una cultura inclusiva que aborde en el lugar de trabajo situaciones de estrés, un ambiente donde las mujeres se sientan capaces de externar los desafíos que afrontan con su salud física y mental y establecer políticas que potencien la progresión profesional de las mujeres.

Recientemente el informe 'Mujeres en el trabajo 2024: Una perspectiva global' (Delitte, 2024) se destacan los altos niveles de estrés y deterioro de la salud mental de mujeres que no se sienten apoyadas por su empleador para equilibrar las responsabilidades laborales y su vida familiar y personal. La encuesta es el resultado de un trabajo con 5,000 mujeres de 10 países y que tiene como finalidad identificar los factores que tienen su origen en el trabajo o en la misma sociedad y que obstaculizan el pleno desarrollo de las mujeres en el ámbito profesional.

Los principales hallazgos fueron:

- La salud mental de las mujeres es afectada por jornadas de trabajo excesivas que provocan estrés. Las mujeres cargan con mayores responsabilidades en las tareas del hogar y esta carga está afectando sus carreras.
- Las mujeres se sienten inseguras en el lugar de trabajo y presencian comportamientos no inclusivos, especialmente en los grupos sobre representados.
- El equilibrio y flexibilidad en las políticas de la empresa son clave para que las mujeres puedan hacer compatibles su vida laboral y personal.

2.4 BRECHA SALARIAL

Las diferencias salariales entre hombres y mujeres son una injusticia que sigue afectando la economía y limita las oportunidades de muchas mujeres. Esto no solo reduce su poder adquisitivo y bienestar, sino que también mantiene la pobreza laboral en muchas de ellas. Para acabar con esta brecha salarial de género, además de los cambios legales que ya se han implementado, es fundamental que las empresas tomen acciones concretas.

Superar esta desigualdad requiere que las organizaciones creen y adapten sus políticas laborales con un enfoque de género, promoviendo y poniendo en práctica medidas que aseguren igualdad de oportunidades para todos en el ámbito laboral.

La brecha salarial de género mide la diferencia entre los ingresos que perciben hombres y mujeres en el mercado laboral y se expresa como porcentaje respecto de las percepciones masculinas.

Aunque se han logrado avances en materia de igualdad de género, la brecha salarial entre mujeres y hombres sigue siendo una realidad en México. Actualmente, las mujeres ganan en promedio un 15% menos que los hombres, lo cual se traduce en limitaciones respecto de oportunidades económicas para la mujer, teniendo un impacto negativo a la competitividad de las empresas y el crecimiento económico de nuestro país.

Para una mejor comprensión de la temática es pertinentes preguntarnos: ¿Qué es la brecha salarial?, ¿A que nos referimos cuando hablamos de una brecha salarial ajustada? Y ¿es lo mismo brecha de ingresos que brecha salarial?

Cuando se habla de brecha salarial nos referimos a la diferencia promedio entre lo que ganan los hombres y las mujeres por su trabajo. Si la brecha es positiva, quiere decir que, en promedio, las mujeres ganan menos que los hombres. Si es negativa, ocurre lo contrario: las mujeres ganan más.

En cambio, la brecha general ajustada va un paso más allá. No solo compara los salarios de hombres y mujeres, sino que también toma en cuenta factores como la edad, el nivel educativo, el tipo de contrato, las horas trabajadas y el sector en el que laboran. Así se obtiene una comparación más precisa y justa.

Por su parte, la brecha de ingresos va más allá del salario. Aquí no solo se considera el dinero que un apersona recibe por su salario, sino también otras fuentes de ingreso como rentas, pensiones, inversiones o apoyos del gobierno. Esta medida muestra una visión más completa de las diferentes economías entre hombres y mujeres.

En este contexto la igualdad salarial significa que, si un hombre y una mujer realizan el mismo trabajo, con las mismas condiciones y responsabilidades, deben recibir el mismo salario. En nuestro país, La Ley Federal del Trabajo en su artículo 86 protege este principio.

De acuerdo con datos del Instituto Mexicano para la competitividad (2025), México ocupa el lugar 119 entre las economías con mayor brecha salarial, el segundo indicador en el cual obtiene peor evaluación, solo superado por la baja participación de las mujeres en el mercado laboral. La brecha salarial no ha mostrado cambios significativos en las últimas dos décadas, lo que evidencia que los esfuerzos han sido insuficientes para acelerar el cambio.

Resulta interesante ver como México fue pionero en ratificar el convenio 100 de la Organización Internacional del Trabajo (OIT) en 1952, demostrando un compromiso con la igualdad de remuneración. Sin embargo, también es importante reconocer que, tomo casi 20 años para que esa decisión se reflejara en la Ley Federal del Trabajo y alrededor de 70 años para que el tema se convirtiera en una prioridad en la agenda del poder ejecutivo. Esto demuestra como los cambios en políticas y prioridades pueden llevar tiempo, pero se avanza en la lucha por la igualdad laboral.

En este contexto la idea de dignidad e igualdad en relación con el trabajo se traduce en condiciones mínimas, justas y equitativas de trato y de trabajo. Nuestra Constitución Federal contempla en el artículo 123 fracción VII.- Para trabajo igual debe corresponder salario igual, sin tener en cuenta sexo ni nacionalidad. Las leyes establecerán los mecanismos tendientes a reducir y erradicar la brecha salarial de género. (...). Este derecho a la igualdad en las remuneraciones se mantiene intacto desde 1917.

En el plano internacional también existen disposiciones al respecto:

- **Pacto Internacional de Derechos económicos, sociales y culturales,** Artículo 7 (...) i) Un salario equitativo e igual por trabajo de igual valor, sin distinciones de ninguna especie; en particular, debe asegurarse a las mujeres condiciones de trabajo no inferiores a las de los hombres, con salario igual por trabajo igual;(...).
- **Convención sobre la eliminación de todas las formas de discriminación contra la mujer**, artículo 11 inciso d) derecho a igual remuneración, inclusive prestaciones, y a igualdad de trato con respecto a un trabajo de igual valor, así como a igualdad de trato con respecto a la evaluación de la calidad del trabajo;

- **Protocolo adicional a la Convención Americana sobre derechos Humanos en materia de derechos económicos, sociales y culturales** (Protocolo de San Salvador) Artículo 7 (...) Una remuneración que asegure como mínimo a todos los trabajadores condiciones de subsistencia digna y decorosa para ellos y sus familias y un salario equitativo e igual por trabajo igual, sin ninguna distinción (...).
- **Convenio 100 de la OIT sobre Igualdad de remuneración**, artículo 1 inciso b) la expresión *igualdad de remuneración entre la mano de obra masculina y la mano de obra femenina por un trabajo de igual valor* designa las tasas de remuneración fijadas sin discriminación en cuanto al sexo.

Lo anterior lo encontramos replicado en el artículo 2° y 3° de Nuestra Ley Federal del Trabajo:

> [...] Se tutela la igualdad sustantiva o de hecho de trabajadores y trabajadoras frente al patrón.
>
> La igualdad sustantiva es la que se logra eliminando la discriminación contra las mujeres que menoscaba o anula el reconocimiento, goce o ejercicio de sus derechos humanos y las libertades fundamentales en el ámbito laboral. Supone el acceso a las mismas oportunidades, considerando las diferencias biológicas, sociales y culturales de mujeres y hombres [...].
>
> Artículo 3° segundo párrafo:
>
> [...] No podrán establecerse condiciones que impliquen discriminación entre los trabajadores por motivo de origen étnico o nacional, género, edad, discapacidad, condición social, condiciones de salud, religión, condición migratoria, opiniones, preferencias sexuales, estado civil o cualquier otro que atente contra la dignidad humana [...].
>
> Por su parte la Ley General para la igualdad entre mujeres y hombres en su artículo 5, IV bis define a la igualdad salarial como "la remuneración igual por un trabajo de igual valor, sin distinguir el sexo, el género, la identidad de género, el origen étnico, la orientación sexual, la edad, las discapacidades, la condición social, económica, de salud o jurídica, entre otras".

Ahora bien, toda esta normativa no significa que el problema de la brecha salarial este resuelto.

El 26 de julio de 2023, el INEGI publicó la Encuesta Nacional de Ingresos y Gastos de los Hogares (ENIGH) 2022 (INEGI), la cual tiene como objetivo proporcionar un panorama estadístico del comportamiento de los ingresos y gastos de los hogares en cuanto a su monto, procedencia y distribución; también sobre las características ocupacionales, sociodemográficas y acceso a alimentación de los integrantes del hogar, así como de las características de la infraestructura de la vivienda y el equipamiento del hogar.

Esta encuesta revelo que la brecha en el ingreso trimestral entre hombres y mujeres es de 34.8%. Por cada 100 pesos que percibieron los hombres, las mujeres ganaron 65 pesos.

Para abatir la brecha salarial y hacer efectivo el principio de "para trabajo igual debe corresponder salario igual, sin tener en cuenta sexo ni nacionalidad", Rivero (2024) propone:

a. La reforma de los planes de estudios universitarios para incluir en la formación correspondiente, temáticas relativas a la política salarial.
b. La atribución específica a la Inspección del Trabajo contemplada en la LFT, de realizar auditorías salariales.
c. La implementación de incentivos fiscales y crediticios a las empresas que cumplan con la igualdad salarial.
d. La reforma de la LFT a fin de establecer cuotas de género en la contratación.

Hay que entender que la brecha salarial de género va más allá de la igualdad de salarios. Efectivamente, cuando personas que desempeñan el mismo puesto, con responsabilidades similares y bajo las mismas condiciones no reciben la misma remuneración por razón de su sexo estamos ante una discriminación directa. Sin embrago, la igualdad de salario no garantiza la inexistencia de una brecha salarial de género.

> esta refiere también a la distribución desigual de hombres y mujeres en la estructura organizacional, y no solo a las diferencias salariales dentro de un mismo puesto. Es decir, aunque hombres y mujeres en el mismo cargo ganen lo mismo, si hay una mayor concentración de mujeres en puestos de menor remuneración y más hombres en cargos de alto nivel con mejores sueldos, seguirá existiendo una brecha salarial. Es por esta razón que la brecha salarial de género, más allá de ser una simple comparación salarial, es un indicador que permite revelar dinámicas socioeconómicas más amplias relacionadas al acceso igualitario a oportunidades laborales y ascensos dentro de las organizaciones. (STFE, 2025)

Para entender mejor la diferencia entre igualdad salarial y brecha salarial de género tomamos el ejemplo que nos ofrece la *Guía Brecha salarial de Genero. Ideas para cerrarla* de la Secretaria del Trabajo y Fomento al empleo de la ciudad de México. (2025).

En una empresa trabajan 100 personas, 50 mujeres y 50 hombres. Su distribución dentro de la organización, según su salario, es la siguiente:

- En los niveles operativos hay 40 mujeres y 30 hombres. Cada persona en este nivel gana $10,000 al mes.
- En los mandos medios hay 8 mujeres y 15 hombres. Cada persona en este nivel gana $20,000 al mes
- En la alta dirección hay 2 mujeres y 5 hombres. Cada persona en este nivel gana $50,000 al mes.

  La empresa asegura que cumple con el principio de "trabajo igual, salario igual", pues dentro de cada nivel organizacional, hombres y mujeres reciben el mismo sueldo. Sin embargo, si se suman los sueldos totales de las mujeres y los hombres en la empresa, cabe preguntarse: ¿quién gana más en conjunto? ¿Cómo afecta la distribución de mujeres y hombres en los distintos niveles organizacionales a la brecha salarial?

Ingresos mensuales según nivel jerárquico y sexo

Nivel	Ingresos mensuales hombres	Ingresos mensuales mujeres
Operativo	300,000	400,000
Medio	300,000	160,000
Alta dirección	250,000	100,000
Total	850,000	660,000
Ingreso promedio mensual	17,000	13,200

Ejemplo tomado de la Guía Brecha Salarial de Género.

Con este ejemplo, queda claro que la brecha salarial no solo es pagar lo mismo por el mismo trabajo, sino que abarca también la distribución de oportunidades laborales en una empresa u organismo. Tener la oportunidad por parte de las mujeres de acceder a los puestos y ocupaciones que actualmente dominan los hombres sería el verdadero avance en la brecha salarial.

2.5 RESPONSABILIDADES LABORALES VS FAMILIARES

La primera duda que nos surge es ¿la conciliación es posible? El termino está de moda. El estado y el sector privado intentan establecer planes y medidas para que hombres y mujeres logren compatibilizar el trabajo y la familia, pero la realidad es que no ha sido suficiente para lograr el objetivo y el elegir entre la familia, el trabajo o la vida personal sigue siendo una constante en el mundo laboral.

De manera general encontramos que en Latinoamérica existe un importante déficit de trabajo decente en cada una de las cuatro áreas fundamentales propuestas por la Organización Internacional del Trabajo (OIT): derechos fundamentales; empleo; protección social y representación y dialogo social. En cada una de estas áreas existe también una brecha de equidad de género.

La Organización Internacional del Trabajo se ha ocupado del tema y entre otras medidas adopto el 3 de junio de 1981 el Convenio sobre los trabajadores con responsabilidades familiares no. 156, en él se reconoce la necesidad de instaurar la igualdad efectiva de oportunidades y de trato entre los trabajadores de uno y otro sexo con responsabilidades familiares. El convenio exhorta a los países miembros a incluir dentro de su política nacional mecanismos que coadyuven a una real igualdad de oportunidades y de trato entre hombres y mujeres trabajadoras que les permitan conciliar su derecho humano al trabajo y sus responsabilidades familiares o personales.

De acuerdo con el Convenio 111 sobre la discriminación (empleo y ocupación) de la Organización Internacional del Trabajo, (OIT, 1958) el término discriminación comprende:

a) cualquier distinción, exclusión o preferencia basada en motivos de raza, color, sexo, religión, opinión política, ascendencia nacional u origen social que tenga por efecto anular o alterar la igualdad de oportunidades o de trato en el empleo y la ocupación;

b) cualquier otra distinción, exclusión o preferencia que tenga por efecto anular o alterar la igualdad de oportunidades o de trato en el empleo u ocupación que podrá ser especificada por el Miembro interesado previa consulta con las organizaciones representativas de empleadores y de trabajadores, cuando dichas organizaciones existan, y con otros organismos apropiados.

La tendencia de los últimos años es muy clara, los países que tienen una mayor igualdad entre mujeres y hombres son más productivos, tienen mayores niveles de crecimiento económico, instituciones más representativas y mejores resultados de desarrollo para las próximas generaciones. Más allá de ser en sí mismo un derecho humano y un objetivo de desarrollo, la igualdad de género constituye una política económica inteligente.

El equilibrio entre trabajo, familia y vida personal se ha convertido en un nuevo reto de la responsabilidad social empresarial.

Esta responsabilidad social empresarial (RSE) puede definirse como el esfuerzo de los directivos por maximizar las externalidades positivas y minimizar las externalidades negativas de la empresa. Se entiende por externalidad todo efecto secundario de la actividad empresarial.

Una externalidad positiva puede ser la generación de empleos directos. Una externalidad negativa es la contaminación del ambiental que general algunas empresas.

La estrategia de responsabilidad social empresarial pasa por atender condiciones de derechos humanos, ambientales, éticas y sociales. Hay diversas formas de manifestar en el mercado esta responsabilidad social:

- Iniciativas ambientales: adopción de proyectos de sustentabilidad que incluyen reciclaje, cuidado del agua, energías renovables etc.
- Iniciativas sociales: Apoyo a programas voluntarios, deportistas, ONG y donaciones.
- Iniciativas económicas: igualdad salarial, capacitación laboral

– Iniciativas con grupos vulnerables: Fomentar la inclusión laboral de personas con capacidades diferentes, de diversa orientación sexual, evitar la discriminación por género etc.

La noción de Responsabilidad social empresarial implica justicia y equidad. La empresa que aspire a ser considerada socialmente responsable evitara limitarse a cumplir con las normativas nacionales e internacionales y optara por mecanismos de capacitación para sus trabajadores, creando condiciones óptimas de trabajo que respondan a los estándares del trabajo decente, además, procurara un ambiente de trabajo libre de discriminación y violencia donde se potencialicen las capacidades de sus trabajadores para un mayor desarrollo profesional, evitando así el despido como primer recurso. (Tomada; 2009, p. 11).

La responsabilidad social comienza en casa. Se trata de asegurar condiciones dignas de trabajo, remuneraciones justas, posibilidades de crecimiento y capacitación; pero al mismo tiempo la idea incluye actualmente otros temas a abordar como la discriminación por género en áreas como las remuneraciones y el acceso a posiciones directivas y el equilibrio familia-empresa.

El reto sigue siendo lograr que el empleador no genere incompatibilidades con los roles básicos necesarios para llevar adelante una vida familiar plena, sino por el contrario, favorecerlos. Lo vivido en la pandemia que sufrió el mundo dejo evidencia de que con el uso de las tecnologías se pueden llevar adelante ideas renovadoras al respecto. (Kliksberg, 2009 p. 30)

En este contexto el Convenio 156 de la Organización Internacional del Trabajo (OIT) sobre los trabajadores con responsabilidades familiares (OIT, 1981) toma relevancia especial. Cabe señalar que a la fecha[1], México no ha ratificado dicho convenio, que en términos generales dispone que entre los objetivos de las políticas nacionales se considera el permitir que las personas con responsabilidades familiares puedan ejercer su derecho a ingresar, participar y progresar en una actividad económica y hacerlo sin ser objeto de discriminación alguna y en medida de lo posible, sin conflicto entre sus responsabilidades familiares y profesionales. Se debe garantizar a los trabajadores

---

1 Octubre 2024

con responsabilidades familiares el ejercicio de su derecho a elegir libremente su empleo teniendo en cuenta sus necesidades respecto de las condiciones del empleo y la seguridad social, esto con el fin de crear la igualdad efectiva de oportunidades y de trato entre trabajadores y trabajadoras. El fin último del convenio es evitar que la responsabilidad familiar constituya por sí misma una causa justificada para terminar la relación de trabajo.

La sociedad actual nos da la oportunidad de contar con un catálogo extenso de posibilidades para organizar la vida familiar. La precariedad en el empleo continua y pone en evidencia la necesidad urgente de mecanismos que incidan en la conciliación de la vida familiar y profesional para que hombres y mujeres trabajadores logren la igualdad de oportunidades laborales. (Lastra, 2018, p. 95)

Así encontramos que, el reconocimiento de la economía del cuidado es fundamental para romper con estereotipos de género que conducen a una discriminación y desvalorización del trabajo del cuidado no remunerado median el cual las mujeres transmiten los valores culturales de un país. (Girón, 2023).

Se debe promover entonces, un sistema integral de cuidados, que tenga como garante de ese derecho al Estado, pero con el acompañamiento del sector privado, organizaciones civiles e internacionales. Coadyuvar en la sensibilización para cambiar los estereotipos de género y lograr una mayor corresponsabilidad cimentado en roles intercambiables

La intención última de la responsabilidad social en relación con el trabajo decente es superar la idea del mero cumplimiento de la legislación laboral a través del reconocimiento de la dimensión ética de las relaciones laborales. La implementación de políticas públicas y planes encaminados a la conciliación laboral y familiar son indispensables si queremos sociedades democráticas e incluyentes respetuosas de los derechos humanos de todas y todos los trabajadores.

Capítulo 3

Escenarios pendientes

3.1 MUJER Y DEPORTE

Sabemos que la equidad de género debe atender las necesidades, intereses y preferencias tanto de hombres como de mujeres que nos lleven a una igualdad de derechos, oportunidades y responsabilidades a cualquier edad y en cualquier sociedad.

Las mujeres y los hombres son iguales y deben disfrutar de los mismos derechos y oportunidades. Desafortunadamente no siempre ha sido así. Históricamente la inequidad y la desigualdad permea el estatus de la mujer ya que biológica y socialmente les han sido asignados determinados roles que las mantienen con la obligación del trabajo doméstico y de cuidados.

El deporte no es la excepción a la problemática de género. A nivel internacional encontramos esfuerzos importantes como la declaración de Brighton de 1994. A iniciativa del Consejo Británico del Deporte (British Sports Council) y con el apoyo del Comité Olímpico Internacional, se reunieron en mayo de 1994 en Brighton, Reino Unido, representantes gubernamentales y no gubernamentales de 82 países con la finalidad de analizar los mecanismos para acelerar la participación femenina en condiciones de igualdad en todos los niveles, funciones y roles. Para tal efecto se establecieron 10 principios con el objetivo de asegurar la igualdad de oportunidades de participar en el deporte para las mujeres, reconociendo su aportación en conocimientos, experiencias y valores al desarrollo del deporte.

Los principios son los siguientes:

1. EQUIDAD E IGUALDAD EN LA SOCIEDAD Y EN EL DEPORTE

   a. Los estados y gobiernos han de hacer todos los esfuerzos necesarios para asegurarse que las instituciones y organizaciones a cargo del deporte respeten las disposiciones de la Carta de las Naciones Unidas, de la Declaración Universal de los

Derechos Humanos, y de la Convención de las Naciones Unidas sobre la Eliminación de Todas Formas de Discriminación contra las Mujeres.

b. La igualdad de oportunidades en cuanto a la participación en el deporte, que sea actividad de ocio o recreo, para promover la salud, o como actuación de alto nivel, es el derecho de cada mujer, sin hacer caso de raza, color, lengua, religión, creencia, orientación sexual, edad, estado civil, invalidez, opinión o afiliación política, origen nacional o social. c. Los recursos, el poder y la responsabilidad han de ser repartidos justamente y sin discriminación sexual, pero cada asignación ha de rectificar los desequilibrios injustificables entre las ventajas disponibles para las mujeres y para los hombres.

2. INSTALACIONES La participación femenina en el deporte está influida por el número, la diversidad y la accesibilidad de las instalaciones. El planeamiento, el diseño y la dirección de éstas han de satisfacer de modo apropiado y equitativo las necesidades específicas de las mujeres dentro de una comunidad, prestando atención particular a la necesidad de guardería infantil y de seguridad.
3. EL DEPORTE ESCOLAR Y JUNIOR Las investigaciones han determinado que las chicas y los chicos llegan al deporte desde de perspectivas muy distintas. Las personas responsables del deporte, de la educación, el recreo y la educación física de los jóvenes han de asegurarse que una gama equitativa de oportunidades y experiencias pedagógicas, que representen los valores, las opiniones y las ambiciones de las chicas, esté incorporada en los programas que desarrollan la condición física y los talentos deportivos básicos de los jóvenes.
4. DESARROLLO DE LA PARTICIPACIÓN La participación femenina en el deporte está influida por la gama de actividades disponibles. Las personas responsables de la provisión de oportunidades y de programas deportivas han de proveer y promover actividades que respondan a las necesidades y ambiciones de las mujeres.

5. EL DEPORTE DE ALTO NIVEL

   a. Los gobiernos y las organizaciones deportivas han de aplicar el principio de la igualdad de oportunidades para permitir a las mujeres alcanzar su potencial de actuación deportiva, asegurándoles que todas actividades y todos programas relacionados con el mejoramiento de la actuación tengan en cuenta las necesidades específicas de las atletas.

   b. Las personas que apoyan a los atletas élite y/o profesionales han de asegurar que las oportunidades de competir, los premios, los incentivos, el reconocimiento, el patrocinio, la promoción, y otras formas de apoyo estén provistos justa y equitativamente, tanto a las mujeres como a los hombres.

6. LA DIRECCIÓN EN EL DEPORTE Las mujeres están subrepresentadas en funciones de dirección y de decisión en todas las organizaciones deportivas y en aquellas relacionadas con el deporte. Las personas responsables de estos campos han de desarrollar políticas y programas y crear estructuras que incrementen el número de mujeres en puestos de entrenador, consejero, juez, y gestor a todos niveles del deporte, prestando atención especial al reclutamiento, desarrollo y mantenimiento del personal.

7. EDUCACIÓN, FORMACIÓN Y DESARROLLO Las personas responsables de la educación, de la formación y del desarrollo de los entrenadores y de todo personal deportivo han de asegurarse que los procedimientos y las experiencias de enseñanza examinen asuntos relacionados con la equidad entre los sexos y las necesidades de las atletas, reflejen equitativamente el papel de las mujeres en el deporte, y tengan en cuenta las experiencias, los valores y las opiniones de las mujeres en cuanto a la dirección.

8. INFORMACIÓN E INVESTIGACIONES SOBRE EL DEPORTE Las personas responsables de las investigaciones y la provisión de información sobre el deporte han de desarrollar políticas y programas para mejorar el conocimiento y la percepción general de las mujeres y del deporte y garantizar que las normas de investigación se basen sobre datos relativos a ambos sexos.

9. RECURSOS Las personas responsables de la asignación de recursos han de garantizar la disponibilidad de medios para apoyar a las deportistas, los programas femeninos, y las medidas especiales para promover la presente Declaración de Principios.
10. COOPERACIÓN NACIONAL E INTERNACIONAL Las organizaciones gubernamentales y no gubernamentales han de incorporar la promoción de asuntos de equidad entre los sexos y compartir los ejemplos exitosos de políticas y de programas sobre las mujeres y el deporte con otras organizaciones, al nivel tanto nacional como internacional. (D. Brighton, 1994).

El impacto de la declaración de Brighton fue el antecedente para la conformación del grupo de Trabajo Internacional sobre la Mujer y el Deporte y la Comisión de Mujer y Deporte del Comité Olímpico Internacional. Ambos organismos dirigen sus esfuerzos para la formación de una cultura deportiva basada en la igualdad y una mayor participación de la mujer en la organización deportiva.

En nuestro país, las cosas no han sido tan rápidas. Normativamente, mujeres y hombres somos iguales ante la ley, así lo garantiza el artículo 4° de nuestra Constitución Política Federal.

> Artículo 4o.- La mujer y el hombre son iguales ante la ley. Ésta protegerá la organización y el desarrollo de las familias. El Estado garantizará el goce y ejercicio del derecho a la igualdad sustantiva de las mujeres.

En el mismo artículo, encontramos garantizado el derecho a la práctica del deporte...

> Toda persona tiene derecho a la cultura física y a la práctica del deporte. Corresponde al Estado su promoción, fomento y estímulo conforme a las leyes en la materia.

Aquí es pertinente precisar, que la igualdad ante la ley y la igualdad sustantivas son cosas distintas. La primera se refiere a una igualdad en la norma escrita y en su vínculo con el órgano encargado de aplicarla, así como a la igualdad de derechos entre hombres y mujeres; la segunda, es una igualdad real o, de hecho, concretada a través de acciones específicas para quienes están en una situación de desventaja, lo que puede entrañar un tipo de discriminación.

En este contexto, la obligación del estado es la de "implementar acciones positivas en beneficio de grupos vulnerables como lo es el de las mujeres, para remover los obstáculos que impiden el ejercicio real y efectivo de determinado derecho, en este caso al deporte". (Flores, 2020).

De acuerdo con datos del módulo de práctica deportiva y ejercicio físico (MOPRADEF) del INEGI, en el 2024 el 36.8% de las mujeres realizaron alguna practica físico-deportiva en su tiempo libre, contra un 46.0% de los hombres. Las mujeres registraron un aumento de 2.8 puntos porcentuales respecto del 2023, mientras que en los hombres el porcentaje no cambio.

Recientemente en el 2024, el Senado de la República aprobó por unanimidad reformas a la Ley Federal del Trabajo con perspectiva de género, estableciendo un salario mínimo base para hombres y mujeres en el deporte profesional, con la finalidad de avanzar hacia la igualdad salarial y evitar la discriminación y el hostigamiento en todas las disciplinas. A la espera de la aprobación por parte de la cámara de diputados, se tiene gran esperanza de que finalmente se den pasos firmes hacia la igualdad en razón de género.

Entre los puntos aprobados por el Senado destacan los siguientes:

1. Salario mínimo base, que será determinado por la Secretaria del Trabajo y previsión Social con el apoyo del Instituto Nacional de las Mujeres (Inmujeres), el Sistema Nacional de Cultura Física y Deporte y la Comisión Nacional de Salarios Mínimos (Conasami).
2. Diferente salario base con el argumento de ser rama femenil o varonil, se considerará violatoria del principio de igualdad de salarios para igual trabajo.
3. Se permiten las aportaciones adiciónales al salario base, que sean producto de la categoría del evento o función, de la experiencia en la práctica profesional del deporte o de los equipos.
4. Garantizar por parte de los empleadores el derecho a la seguridad social incluyendo las aportaciones al Fondo Nacional de la Vivienda (Infonavit).

5. Proporcionar el empleador, servicio médico especializado con perspectiva de género y de acuerdo con los requisitos de la disciplina.
6. Se debe garantizar, por parte de los equipos, el ejercicio de los derechos laborales individuales y colectivos de las personas deportistas profesionales y contar con protocolos y reglamentos que atiendan la discriminación por género. (Senado, 2024).

Sin duda uno de los deportes donde se están gestando cambios importantes debido al género es el futbol. En opinión de Tajer (1998), "el futbol esta sexuado y pintado de género, o generado, con predominio masculino, aun cuando en los últimos tiempos aparecen cada vez más mujeres apasionadas por este deporte".

Pero como el género no solo hace referencia a la mujer, en el futbol también el hombre tiene su carga por razón de género, "cuando del varón se espera que no solo le guste el fútbol, sino que lo practique bien, si quiere validar su masculinidad" o "cuando una mujer es vista como "rara" por gustarle el fútbol, cuando es cuestionada su ser mujer porque el fútbol es de hombres, cuando se le limita porque su cuerpo femenino nunca podrá cumplir con lo que requiere el ideal de un fútbol desde lo masculino" (Quiroa, 2019).

Podemos asegurar, sin ninguna duda, que el futbol ha contribuido a la igual de género en el mundo. En muy pocos años la mujer ha reivindicado su participación en el futbol mundial en un contexto evidentemente adverso, pero donde poco a poco las marcas globales buscan más a futbolistas femeninas que promocionen sus productos. Y de repente estamos frente a una revolución no solo de genero sino también económica, donde los clubes de futbol apuestan por el sector femenino, y las mujeres comienzan a ser referentes de marcar con patrocinios importantes y también surgen las entrenadoras, las arbitras y las periodistas deportivas.

Sin embargo, las desigualdades en condiciones laborales, incluida la brecha salarial, siguen siendo temas pendientes en el futbol.

Coincidimos con Frase (2006) cuando señala que la injusticia de genero no solo tiene que visualizarse en el ámbito de los recursos materiales, sino que también es desigual dentro del reconocimiento y representación social, dentro del contexto social del deporte, el fútbol nos impulsa con esta teoría a analizar de manera crítica dicha discriminación dentro de este deporte, no solo en términos de acceso a recursos y oportunidades, sino también dentro de los términos de valoración y visibilidad de sus logros y talentos.

En este contexto se presentan esfuerzos y acciones importantes para combatir la desigualdad de género en el futbol. En 2019, durante la Convención de Futbol Femenino de la FIFA, se firmó un memorándum de acuerdo entre Gianni Infantino y la directora ejecutiva de la Entidad de las Naciones Unidad para la igualdad de género y el empoderamiento de las mujeres (ONU mujeres) Phumzile Mlambo-Ngcuka, para combatir la discriminación y los estereotipos de género en el futbol. Se acordó trabajar en tres líneas prioritarias:

- Desarrollo de políticas deportivas, la promoción y apoyo de proyectos sostenibles.
- Promover y apoyar el cambio cultural y el empoderamiento de mujeres y niñas en todo el mundo.
- Sensibilizar sobre la igualdad de género a través del deporte.

En cifras reportadas por Fuentes (2023) Más de 16 millones de mujeres y niñas juegan en equipos federados de todo el mundo. Hay registradas casi 4 millones de mujeres y un total de 19.064 de ellas son profesionales. En todo el mundo hay 55,622 clubes femeninos.

Además, de 91,000 entrenadores registrados 48,202 son mujeres, es decir el 5% y como arbitras encontramos 66,125 de un total de 731,000 árbitros a nivel m mundial, esto es tan solo el 9%.

La FIFA como órgano rector del futbol mundial ha implementado importantes cambios en su Reglamento sobre el Estatuto y la Transferencia de Jugadores (RETJ), que, si bien se aplica a futbolistas de ambos sexos, no contemplaba disposiciones concretas para mujer futbolista. A partir del 2024 han entrado en vigor disposiciones importantes respecto de la maternidad y protección de jugadoras y entrenadoras, a continuación, enunciaremos algunas:

- Jugadoras y entrenadoras gozaran de permisos por maternidad, adopción o permiso parental. Durante la vigencia del permiso su salario será de dos terceras partes del estipulado en su contrato.
- Los contratos seguirán siendo validos independientemente si una jugadora o entrenadora se realiza una prueba de embara-

zo (sin importar el resultado; si está embarazada o si disfruta de cualquier tipo de permiso. De ocurrir se considerará despido injustificado.

- Las jugadoras embarazadas podrán seguir jugando y entrenándose si así lo desean, de lo contrario el club les ofrecerá un trabajo alternativo. Si ninguna de las anteriores condiciones es posible por motivos de salud podrán disfrutar de una baja médica que también aplica para entrenadoras.
- Los clubes contaran con instalaciones adecuadas para que las jugadoras o entrenadoras puedan amamantar o extraerse leche.
- Las jugadoras o entrenadoras podrán ausentarse de entrenamientos o partidos por motivos de salud menstrual, siempre que lo necesite y previo certificado médico y con goce de salario íntegro.
- Se promueve entre las federaciones el apoyo para las familias de las jugadoras, en etapas finales de torneos, para viaje y alojamiento.
- Se establece el principio de la norma más favorable, donde si la legislación nacional concede mejores prestaciones será esta la que se aplique.

Queda mucho camino por recorrer, pero vemos con esperanza (fundada o no) que el tema de la desigualdad de género en el deporte y de manera específica en el futbol llego para quedarse y seguiremos viendo avances encaminados una verdadera igual de derechos y oportunidades para todos.

3.2 EXCLUSIÓN LABORAL DE LA COMUNIDAD LGBTTTI

Es innegable la lucha que día a día enfrentan sectores vulnerables como los jóvenes, las mujeres y personas de la comunidad LGBTTTI en busca de igualdad y equidad en una sociedad que históricamente insiste en discriminar por razones de género, edad, raza, religión etc., a pesar de las prohibiciones normativas al respecto.

El marco interpretativo del siguiente análisis se establece sobre los siguientes conceptos centrales como la discriminación, exclusión social, identidad de género y orientación sexual. El colectivo LGBTTTI incluye a aquellos que presentan diversas identidades y expresiones de género y diversas orientaciones sexuales que no siempre se alinean a las normas heteronormativas más predominantes en la sociedad. Los estudios de género y de derechos humanos dan cuenta de cómo las culturas y estructuras sociales transmiten desigualdades a las personas que cuestionan las normas clásicas binarias y heterosexistas.

En un intento por combatir las desventajas que puedan sufrir las personas de la comunidad LGBTTTI, el Consejo de Derechos Humanos de las Naciones Unidas estableció para sus estados miembros, algunas obligaciones legales indispensables para lograr el objetivo de proteger los derechos humanos de las personas de la comunidad LGBTTTI.

- Proteger a las personas contra la violencia homofóbica y transfóbica;
- Prevenir la tortura, así como tratos crueles, inhumanos y degradantes prohibiendo y sancionando tales actos y garantizando que las víctimas reciban una reparación;
- Derogar inmediatamente leyes que penalicen la homosexualidad;
- Prohibir la discriminación por motivos de orientación sexual e identidad de género; y
- Preservar la libertad de reunión, expresión y asociación pacífica.

La discriminación laboral puede definirse como cualquier distinción, exclusión o preferencia basada en motivos ajenos a la competencia o desempeño, que tenga por objeto anular o alterar la igualdad de trato en el empleo. En el caso de la comunidad LGBTTTI, esta discriminación se manifiesta tanto en el acceso como en las condiciones de permanencia y desarrollo profesional.

A lo largo del tiempo, a la comunidad LGBTTTI se le ha negado sistemáticamente el libre acceso a sus derechos, entre ellos, el derecho al trabajo. En diversas sociedades, las identidades no normativas fueron perseguidas legalmente, patologizadas por la medicina y excluidas socialmente. Esto inculcó un marco duradero de desigualdad que deja huellas, incluso hoy, en el entorno.

Normativamente, tenemos un derecho al trabajo digno y socialmente útil y un derecho a no ser discriminados por razones de orientación sexual, establecidos en la Constitución Federal de los Estados Unidos Mexicanos. Por su parte, la Ley Federal del Trabajo y la Ley Federal para prevenir y eliminar la discriminación, también contienen disposiciones para la protección y seguridad de las personas en favor de la igual de trato y no discriminación, incluidas las pertenecientes a la comunidad LGBTTTI.

Es esta comunidad la que sufre de manera recurrente el rechazo abierto a hacia su expresión de género, impactando en las oportunidades laborales o en empleos mal remunerados donde la discriminación por preferencia sexual los lleva a ocultar cualquier indicio de su orientación sexual o identidad de género. Esta violencia estructural impide la correcta promoción y aplicación de derechos humanos que limitan la generación de políticas públicas con abordaje de esta temática.

El desempleo laboral de las personas LGBTTTI se manifiesta a lo largo del ciclo del empleo. En el proceso de reclutamiento y selección, a menudo se le niegan las oportunidades a los seres que su apariencia o su identificación de género no cumple los requisitos sociales.

Uno de los principales obstáculos es el sesgo implícito en las decisiones de contratación, en particular contra las personas trans, que experimentan niveles alarmantes de desempleo o trabajo informal. Además, existen prácticas discriminatorias como preguntas intrusivas en las entrevistas, exigencias de ocultar la orientación sexual o la negación del acceso a prestaciones y competencias. Cuando logran acceder a un empleo, su salud emocional se pone en riesgo al ser víctimas de hostigamiento o acoso laboral y donde su desempeño, entonces, es cuestionado.

En la mayoría de los casos, las empresas carecen de mecanismos eficaces para disuadir y sancionar la discriminación, lo que consolida una cultura de exclusión. La ausencia de representación en puestos ejecutivos y la escasa inclusión en los sindicatos consolidan esta marginalidad estructural.

Diversas organizaciones, tanto nacionales como internacionales, han documentado la exclusión laboral que enfrenta la comunidad

LGBTTTI. De acuerdo con la Encuesta Nacional sobre Diversidad Sexual y de Género (ENDISEG) 2021 del INEGI en México, tres de cada diez personas LGBT+ reportaron haber sido víctimas de discriminación en el trabajo. La situación es aún más grave para las personas trans, quienes presentan tasas de desempleo y subempleo notablemente más altas que el promedio de la población.

La Organización Internacional del Trabajo (OIT) advierte que la discriminación basada en la orientación sexual o la identidad de género impacta negativamente en la productividad, el bienestar de las y los empleados, y en el ambiente laboral en general. En América Latina, estudios de la CEPAL también evidencian que esta exclusión laboral contribuye a la precariedad económica de las personas LGBTTTI y limita sus posibilidades de movilidad social.

Estos datos resaltan la urgencia de impulsar políticas públicas integrales y sistemas de seguimiento eficaces que garanticen igualdad de oportunidades laborales, sin importar la identidad de género u orientación sexual.

Cuando hablamos de exclusión laboral nos referimos a una discriminación estructural que limita las posibilidades de acceder o permanecer en un puesto de trabajo. En este sentido la exclusión laboral a la que se enfrentan la comunidad LGBTTTI tienen efectos sociales y económicos de gran impacto, pero también, y no menos importantes, efectos psicológicos como el estrés, la ansiedad, o la depresión, entre otros.

La falta de oportunidades para acceder a un trabajo decente elimina la posibilidad de tener un ingreso remunerador y estable, seguridad social, capacitación que se refleje en opciones de crecimiento, acceso a una vivienda digna etc. Lo que provoca que muchas personas se vean obligadas a tomar como alternativa el empleo informal u otros empleos de mayor riesgo y vulnerabilidad. En este contexto la discriminación se acentúa y la exclusión no hace más que perpetuar estereotipos a nivel social que dificultan el camino hacia la igualdad.

Una de las consecuencias de este fenómeno discriminatorio lo vemos cuando las relaciones sociales de la comunidad (LGBTTTI) se posicionan dentro de parámetros de desigualdad y los mercados laborales los catalogan como sujetos no laborales. Pero la problemática va más allá, pues tanto empleadores como consumidores discriminan y excluyen, basados en prejuicios, a una minoría que es desplazada a puestos y lugares donde el grupo mayoritario no tenga que interactuar con ellos, fomentando la reproducción de la segregación laboral.

En los últimos años se han logrado avances importantes en la inclusión laboral de personas LGBTTTI, que nos presentan un panorama esperanzador. Varias empresas han comenzado a adoptar políticas de diversidad e inclusión con el objetivo de crear entornos laborales más seguros, equitativos y respetuosos, independientemente de la identidad de género u orientación sexual de sus empleados.

Es importante entender que el bienestar humano no solo se mide por índice per cápita o el ingreso individual, a esto, habría que sumarle la evaluación de factores como el trabajo, la salud, bienestar emocional, riesgos psicosociales, desarrollo de las relaciones sociales etc., que constituyen el elemento cultural y humano del bienestar de una persona.

En México, la Fundación Human Rights Campaign (HRC) impulsa el programa "Equidad MX", una certificación que reconoce a aquellas empresas que aplican buenas prácticas a favor de la comunidad LGBT+.

La certificación evalúa cuatro criterios:

- Adopción de políticas de no discriminación LGBTQ+
- Educación y entrenamiento en diversidad e inclusión LGBTQ+
- Creación de red de afinidad y personas aliadas LGBTQ+ o consejos de diversidad e inclusión
- Participación en actividades públicas para apoyar la inclusión LGBTQ+.

Con la aplicación de estos criterios, las empresas participantes garantizan que sus políticas e infraestructura de beneficios incluyan también a los trabajadores de esta comunidad y a sus familias.

Desde hace algunos años, nuestro país ha implementado algunas políticas públicas enfocadas a mejorar las condiciones de la comunidad LGBTTTI.

Derivado del Plan Nacional de desarrollo 2019-2024, se diseñó el Programa Nacional para la Igualdad y no Discriminación 2021-2024. El programa tiene como objetivos principales los siguientes:

- Reducir las prácticas discriminatorias que generan exclusión y desigualdad social para los grupos históricamente discriminados y que obstaculizan el ejercicio de los derechos humanos en el ámbito de la salud.
- Reducir las prácticas discriminatorias que generan exclusión y desigualdad social para los grupos históricamente discriminados y que obstaculizan el ejercicio de los derechos humanos en el ámbito educativo
- Reducir las prácticas discriminatorias que generan exclusión y desigualdad social para los grupos históricamente discriminados y que obstaculizan el ejercicio de los derechos humanos en el ámbito laboral
- Reducir las prácticas discriminatorias que generan exclusión y desigualdad social para los grupos históricamente discriminados y que obstaculizan el ejercicio de los derechos humanos en la seguridad social.
- Reducir las prácticas discriminatorias que generan exclusión y desigualdad social para los grupos históricamente discriminados y que obstaculizan el ejercicio de los derechos humanos en el ámbito de la seguridad y justicia
- Promover y articular la política nacional contra la discriminación y por la igualdad para todas las personas.

El programa parte de considerar a la discriminación estructural como un problema público en nuestro país, pues deriva de procesos sociales caracterizados por prejuicios, estereotipos y estigmas sociales normalizados que aterrizan en acciones discriminatorias, muchas de ellas legitimadas a lo largo del tiempo, y que terminan por excluir al limitar derechos humanos.

La Norma Mexicana NMX-R-025-SCFI 2015 en Igualdad laboral y no discriminación, es otro esfuerzo por combatir el fenómeno de la discriminación en el trabajo. Esta es una certificación voluntaria y pueden acceder a ella organizaciones del sector Público, privado o social.

Tiene como objetivo establecer los requisitos para que los centros de trabajo públicos, privados y sociales, de cualquier actividad y tamaño, integren, implementen y ejecuten dentro de sus procesos de gestión y de recursos humanos, prácticas para la igualdad laboral y no discriminación que favorezcan el desarrollo integral de las y los trabajadores.

Estas acciones pueden estar encaminadas hacia el reclutamiento, igualdad salarial, igualdad de oportunidades, capacitación, flexibilidad en la jornada laboral, licencias de paternidad, medidas de conciliación para necesidades de cuidado de las familias, prevenir y sancionar la violencia laboral, etc.

Adicionalmente, también se sugiere incorporar contenidos relacionados con diversidad sexual y de género en los programas educativos y de formación profesional, tanto en universidades como en instituciones técnicas. De esta manera, se podrá formar a nuevas generaciones de profesionales con una visión más abierta, empática y consciente.

En resumen, la inclusión laboral no debe ser una acción simbólica o de relaciones públicas: debe ser una política estructural y constante que transforme de raíz las prácticas discriminatorias.

Las medidas antidiscriminatorias deben aterrizarse en los entornos empresariales y en las dependencias gubernamentales con el fin de que la inclusión no se quede en un discurso institucional y normativo, sino hacer realidad los entornos laborales libres de violencia, discriminación y exclusión para la comunidad LGBTTTI, en aras de que disfruten de sus derechos humanos. Fomentar el respeto a la diversidad y la igualdad contribuye a crear sociedades más democráticas donde se generen cambio profundos y sostenidos hacia una inclusión efectiva de la comunidad LGBTTTI.

3.3 EL TRABAJO JUVENIL: DEBATE NECESARIO

Para el estudio del empleo juvenil se consideran aquellos jóvenes de entre 15 y 29 años económicamente activos. Desde hace algunos años este sector de la población enfrenta serios obstáculos para acceder a fuentes de trabajo formales.

La generación de empleos juveniles dignos y productivos forma parte del contenido del objetivo 8 'trabajo decente y crecimiento económico' de la Agenda 2030 para el desarrollo sostenible, pues los jóvenes entre 15 y 29 años no han logrado superar los obstáculos para conseguir un trabajo decente.

De acuerdo con datos de la encuesta nacional de ocupación y empleo (ENOE), en enero de 2025, la población económicamente activa fue de 61.1 millones de personas de 15 años o más, es decir, un 59.4%. La tasa de participación económica de las mujeres fue de 45.5%, mientras que la de los hombres fue de 75.0%.

Por su parte, el Sistema nacional de información estadística y geográfica, reporta en enero de 2025 una tasa de desocupación en población joven de 15 a 29 años de 4.62 en hombres y 5.0 en mujeres.

Históricamente, el acceso al trabajo formal ha sido especialmente complicado para las mujeres jóvenes, terminando generalmente en empleos de menor calidad, con brechas salariales respecto de los varones y con menores tasas de participación.

Como vemos, el género no es ajeno al trabajo juvenil y causa desigualdades, pues hoy día persisten los roles tradicionales que relegan a muchas mujeres jóvenes al entorno doméstico. Un porcentaje muy alto, no tienen acceso a la educación porque tradicionalmente el rol que les corresponden es ser cuidadoras del hogar, limitando sus posibilidades de insertarse en empleo formales que les proporcionen mejor calidad de vida.

A esto, hay que se sumarle otro factor, la segregación ocupacional. Esta la podemos entender como la existencia de puestos catalogados como 'femeninos' y que explica la concentración, en ciertas ramas de la actividad económica o cierto tipo de ocupaciones, de solo la fuerza laboral femenina, es decir, son tareas laborales estereotipadas.

La segregación puede ser horizontal o vertical; la primera se refiere a trabajos 'para hombres' (Construcción, Bursátiles, etc.) y trabajos 'para mujeres' (Secretariales, de Cuidados, etc.) bien definidos.; la segunda, tiene que ver con cargos jerárquicos, donde los varones ocupan categorías superiores con mejores salarios, dejando a las mujeres en puestos con menor reconocimiento y salario.

Producto de todo lo anterior aparece el trabajo informal. Se caracteriza por la falta de prestaciones establecidas en la ley, los bajos salarios y la inestabilidad, es decir, la persona se ubica en la precariedad laboral al no tener un trabajo decente y tendrá como consecuencia agudizar la pobreza.

Si tratáramos de explicar que genera el trabajo informal, nuestro primer acercamiento seria con la exclusión que sufren los jóvenes al intentar acceder o mantenerse en un empleo formal, a esto habría que sumarle que el empleo informal no requiere de mano de obra calificada por lo que los jóvenes son los candidatos idóneos ante un mercado laboral rígido donde tienen que ganarse la vida de alguna manera buscando alternativas.

Aquí puede tener gran impacto la formación educativa, si bien en el acceso a la educación básica y media superior las brechas de género en los jóvenes van a la baja, en la etapa de educación superior en carreras de ciencia y tecnología o ingenierías, las mujeres siguen estando subrepresentadas, limitando sus oportunidades de acceder a empleos formales mejor remunerados. Tema aparte son las jóvenes en contextos rurales, donde sus posibilidades educativas y laborales se limitan aún más.

El empleo juvenil y sus desigualdades de género no podrían entenderse sin explorar factores económicos y socioculturales que marcan el desarrollo de los jóvenes. De los más evidentes podemos mencionar los siguientes:

- Tareas de cuidados y roles de genero
- Vida reproductiva a temprana edad
- Estereotipos y discriminación en el trabajo
- Entorno laboral violento
- Emprendimiento desde el genero

Debido al género, las cargas tradicionales de cuidados son asignadas, casi exclusivamente, a las mujeres. Este rol inicia desde muy pequeñas cuidando niños, enfermos, adultos mayores o personas con alguna discapacidad y tiene un impacto directo en las posibilidades de participación laboral.

Si logran incorporarse a un empleo, se enfrentan a la doble jornada, es decir, trabajar fuera de casa y regresar al trabajo doméstico posteriormente. Esta circunstancia limita su disponibilidad para poder insertarse en empleos formales de tiempo completo. La mayoría de las ocasiones, sobre todo si son madres jóvenes, se ven obligadas a abandonar su empleo o a aceptar uno de medio tiempo que le permitan horarios flexibles, pues la falta de opciones accesibles de cuidado infantil como guarderías o estancias las obligan a elegir entre su familia o su desarrollo personal y profesional.

Por otro lado, ser madre a una temprana edad normalmente implica abandonar los estudios, dejar el empleo o desistir de buscar uno. Si bien las tasas de embarazos en adolescentes han disminuido todavía es algo bastante común en estas edades. En cambio, para los varones jóvenes el ser padres no representa el mismo obstáculo, al contrario, los obliga a incrementar su participación laboral ante la necesidad de generar ingresos y cumplir su rol de proveedor. Esto lo que genera es que los hombres acumulen experiencia en el campo laboral mientras las mujeres se rezagan.

Otro factor que impacta en el empleo juvenil es la discriminación y los estereotipos. Como ya explicamos en capítulos anteriores, los estereotipos son las prácticas, surgidas de ideas preconcebidas, de atribuir a hombres y mujeres determinados comportamientos, cualidades y expectativas que la sociedad concibe según el sexo asignado, provocando limitaciones al desarrollo de aspectos educativos, laborales e individuales, indispensables para desenvolverse en todos los ámbitos sociales. Así tenemos que a los hombres se les asignas las características de ser fuertes, estrictos, dominantes, independientes etc.; y a las mujeres se nos concibe como frágiles, sumisas, cariñosas, vulnerables, dependientes y siempre con el deseo de ser madres.

A menudo se les considera menos capaces de asumir roles de liderazgo o menos comprometidas, además, continua la práctica discriminatoria de solicitar pruebas de embarazo o despidos de trabajadoras embarazadas a pesar de estar prohibidas por la ley.

Otra barrera importante es la violencia y el acoso en el centro de trabajo. Cuando no se reconocen los derechos laborales o se impide su goce y ejercicio basado en las diferencias biológica, sociales, de género o culturales, estamos ante violencia laboral. Estamos ante el acoso laboral cuando se realizan, de forma sistemática y repetitiva conductas abusivas premeditadas y que atentan contra la integridad física o psicológica de una trabajadora o trabajador afectando su dignidad. Ambas conductas, aparte de vulnerar derechos, conducen a abandonar los empleos o a dejar de lado ciertos sectores laborales para evitar ser violentadas o violentados.

Con este panorama y la falta de empleo formal, la opción de muchos jóvenes es emprender, sin embargo, aquí también encontramos desigualdades de género. Mientras que las mujeres emprenden en negocios pequeños y ligados a habilidades como comida, costura, artesanías o ventas por catálogo, los hombres dirigen su emprendimiento a sectores con más capital e infraestructura como la tecnología o el transporte.

Queda claro que más que un problema económico, la desigualdad en el trabajo juvenil es un problema estructural, donde ya no es suficiente con la creación de puestos de empleos, es necesario insistir en cambio de actitudes que puedan redistribuir las tareas del hogar y de cuidados, hacer efectivas las normas sobre discriminación y diseñar políticas y servicios públicos que permitan a las jóvenes alcanzar estándares laborales en un plano de igualdad con los varones.

Frente a este panorama, el estado ha implementado distintas políticas y programas encaminadas a reducir estas desigualdades.

Jóvenes construyendo el futuro, ha sido el programa central de los últimos años, es gestionado por la secretaria del trabajo y previsión social (STPS) y tiene como objetivo que los jóvenes tengan su primera experiencia laboral en centros de trabajo que les proporcionan capacitación y habilidades que faciliten su inserción posterior en empleos formales con las características del trabajo decente. Está destinado a jóvenes de 18 a 29 años que no estudian ni trabajan y les asignan una beca mensual con una duración de 12 meses. Algo a destacar desde el género, es que el programa prohíbe la participación en roles como trabajos del hogar o de cuidados dentro de la capacitación.

El programa surge en un contexto que no es nuevo para nadie, el mayor porcentaje de desempleo en nuestro país corresponde a los jóvenes. El problema público de la desigualdad y la pobreza en condiciones de alta vulnerabilidad genera la falta de oportunidades y bajos salarios.

Las principales críticas al programa van en el sentido de que no existe un seguimiento que de evidencia de los conocimientos adquiridos ni del incremento de las habilidades de los jóvenes participantes que les garanticen una posibilidad de acceso al mundo laboral formal. Así también, se aprecia que, en los lineamientos y reglas de operación del programa no se define de manera clara quienes son los beneficiarios finales, pues por un lado se establece que preferentemente serán personas vulnerables habitantes de localidades de alta y muy alta marginación, Sin embargo al momento de ingresar a la plataforma del programa, nos encontramos que cualquier persona del rango de edad de 18 a 29 años, puede ser beneficiaria, sin necesidad de presentar ningún documento que avale su estado de necesidad real, por lo que el programa puede tener beneficiarios que realmente no necesitan del apoyo.(Muñoz, et al., 2023).

Desde hace varios años, adicionalmente se cuenta con programas permanentes orientados a fomentar la empleabilidad juvenil, por ejemplo, Bécate. Este es un programa operado por la secretaria del trabajo y previsión social destinado a personas de 16 años o más que se encuentren en situación de desempleo, subempleo o trabajadores y trabajadoras en suspensión temporal de relaciones de trabajo, con el objetivo de brindarles cursos de capacitación para que adquieran o fortalezcan sus conocimiento o habilidades para el trabajo y de esta manera favorecer su acceso o permanencia en un empleo formal o el desarrollo de una actividad productiva por cuenta propia.

Otra opción generada por el estado son las Ferias del empleo. Son eventos presenciales donde el contacto entre empleador y potencial trabajador es directo, cara a cara. Normalmente las ofertas de empleo tienen que ver con el sector de la industria, comercio o servicios y la ventaja es el buscador de empleo tiene la oportunidad de dar a conocer sus competencias laborales directamente al empleador y así poder concretar una entrevista de trabajo.

Estas ferias presenciales son organizadas por el Servicio Nacional de Empleo (SNE) en toda la república y durante todo el año. Las empresas participantes ofertan sus vacantes para profesiones y oficios con la intensión de que los interesados puedan elegir entre muchas opciones de acuerdo con sus capacidades y habilidades y poder ser elegibles por la empresa.

Enfocado en la salud sexual y reproductiva, el programa Estrategia Nacional para la prevención del embarazo en adolescentes es un esfuerzo conjunto de varias dependencias del gobierno federal, para generar políticas y planes nacionales, estatales y municipales en un marco de respeto a los derechos humanos y a las directrices normativas nacionales e internacionales, para combatir los contextos económicos, sociales y culturales, condiciones que lo motivan y sus causas subyacentes de embarazos en jóvenes adolescentes en nuestro país.

El embarazo en adolescentes, además de ser un problema poblacional, se trata también de un tema de proyecto de vida, salud y educación, de garantizar el desarrollo como personas en un marco de respeto a sus libertades y derechos humanos.

Esta estrategia contempla los siguientes objetivos:

- Promover el desarrollo humano y las oportunidades de las y los adolescentes;
- Crear un entorno que favorezca decisiones libres y acertadas sobre su proyecto de vida y el ejercicio de su sexualidad;
- Incrementar la oferta y la calidad de la información y los servicios de salud sexual y reproductiva, así como una educación integral en sexualidad en todos los niveles educativos, de gestión pública o privada. Un componente de primera importancia para el éxito de la Estrategia es focalizar acciones intensivas en los municipios que presentan las mayores tasas de embarazo adolescente (ENAPEA).

Con este contexto, entender que un mercado laboral con equidad e igualdad es en beneficio no solo de los jóvenes sino de todo el país es indispensable. Se debe trabajar con un enfoque integral en las políticas públicas que ayuden a cerrar las brechas de género en el empleo juvenil, junto a una transformación cultura donde se adopten roles de domésticos y de cuidado compartidos entre hombres y mujeres y procurando la erradicación de la discriminación y la violencia en los espacios de trabajo.

3.4 ACCIONES RECIENTES

El derecho del trabajo no es estático y evoluciona para responder a los nuevos escenarios que las relaciones laborales demandan. En atención a ello, de manera reciente, se implementaron acciones legislativas con el objetivo de mejorar condiciones laborales en nuestro país, las cuales analizamos en este apartado.

3.4.1 Trabajadores de plataformas digitales

Para nadie es un secreto la alta precariedad en el trabajo de plataformas digitales. Una regulación sociolaboral se presenta como indispensable para, por un lado, proteger los derechos laborales de los trabajadores y, por el otro, coadyuvar a un funcionamiento eficiente de los mercados laborales. En este sentido se hace indispensable una distinción:

> Habría que diferenciar entre el trabajo en plataformas de tareas de ejecución global y de nivel local. El primero requiere una regulación a nivel internacional, dado que el mercado laboral en el cual sus trabajadores actúan es global. Cualquier regulación protectora local que limite la competitividad de los trabajadores asentados en el país correspondiente afectaría la posibilidad de estos trabajadores de acceder a esos trabajos o fomentaría el incumplimiento de las normas, con lo cual la regulación perdería su efectividad. En cambio, los trabajadores de plataformas de ejecución local están inmersos en el mercado de trabajo nacional y la regulación debe diseñarse a este nivel. (CEPAL, 2021)

Al identificar elementos de precarización del trabajo en plataformas digitales se puede detectar hasta qué grado esta modalidad de trabajo está en línea con los elementos fundamentales del trabajo decente (CEPAL, 2021). Estos elementos fundamentales son los siguientes:

- Oportunidades de empleo
- Ingresos adecuados y trabajo productivo
- Horas de trabajo decentes
- Estabilidad y seguridad del trabajo
- Conciliación del trabajo y la vida familiar
- Igualdad de oportunidades y de trato en el empleo
- Entorno de trabajo seguro
- Seguridad social
- Diálogo social y representación

A raíz de la pandemia vivida, en nuestro país surgieron los trabajadores de apps como Uber, Rappi o DiDi, entre otras; los cuales eran contratados como socios concesionarios o prestadores de servicio independientes quedando fuera de la regulación de la Ley Federal del

Trabajo (LFT). La Secretaria del Trabajo y Previsión Social (STPS) estima que existen cerca de 658,000 repartidores y conductores inscritos en plataformas digitales.

Las leyes generales de seguridad social y de vivienda tampoco contemplaban este sector laboral; ya que el IMSS y el Infonavit reconocen como derechohabientes solo a quienes cotizan formalmente como empleados o patrones de esas instituciones. Antes de la reforma, algunos trabajadores de apps se afiliaban voluntariamente al IMSS como trabajadores independientes, pero sin obligaciones patronales especificas a cargo de la empresa de aplicaciones.

En aras de la inclusión social y los derechos laborales, y con la intensión de regular el trabajo en plataformas digitales, en diciembre del 2024 se aprobó la iniciativa que modifica diversas disposiciones y adiciona el Capitulo IX Bis (artículos 291-A a 291-U) a la Ley Federal del Trabajo.

La reforma define como trabajador de plataformas digitales a quien preste servicios personales, remunerados y subordinados, bajo el mando y supervisión de una persona física o moral que ofrece servicios a terceros, a través de una plataforma digital y genere ingresos netos mensuales equivalentes a por lo menos un salario mínimo mensual de la Ciudad de México por su trabajo, independientemente del tiempo efectivamente trabajado (art. 291-C, LFT).

La subordinación laboral se sujetará al tiempo efectivamente laborado, es decir, desde que aceptan una orden hasta concluirla, salvaguardando su derecho a la flexibilidad en el horario y a desconectarse cuando quieran.

La reforma fija un umbral de ingresos mensuales equivalente a un salario mínimo para ser considerado trabajador formal y acceder a todos los derechos establecidos en la ley, mientras que quienes queden fuera de ese salario mínimo seguirán siendo considerados como trabajadores independientes solo con la protección de accidentes de trabajo.

Organizaciones involucradas como Alianza In México de las Plataformas manifestaron su preocupación al forzar una relación de subordinación fija, pero sobre todo pugnan por que se mantenga el régimen fiscal sin variaciones para evitar cargas extras a empresas y usuarios. En la actualidad los repartidores pagan impuestos como el

IVA e ISR, pero no cuentan con el mismo régimen de un empleado tradicional (Riquelme, 2024).

Por su parte, la Unión de Trabajadores por aplicación (UNTA) y algunos repartidores siempre insistieron en reconocer la existencia de una relación de trabajo y real y por ende todos sus derechos. (Torres, 2025).

En términos generales se pueden enunciar los siguientes derechos a favor de los trabajadores:

- 1 salario mínimo mensual para ser considerado trabajador formal. $8364.00
- Flexibilidad en el horario de conexión a la app.
- El tiempo laboral efectivo será el que transcurra entre aceptar una tarea y finalizarla.
- La remuneración se pacta por tarea o servicio e incluye la parte proporcional de prestaciones como vacaciones, aguinaldo, etc.
- Derecho a la participación de utilidades si labora más de 288 horas al año.
- Se reconocen derechos colectivos
- No hay horario fijo y pueden laborar en varias apps.

Por su parte, las empresas están obligadas a garantizar todos los derechos contemplados en la LFT y adicionalmente a:

- Registro de horas
- Transparencia algorítmica para asignar tareas, evitando discriminación o riesgos laborales. Los trabajadores deben conocer las reglas, calificaciones, incentivos y penalizaciones que afectan su actividad y a ser informados de cualquier cambio.
- Capacitaciones en seguridad
- Notificaciones de políticas de desconexión.
- Prohibición de cobrar por el uso de la plataforma o realizar simulaciones laborales.
- Manipular ingresos para que los trabajadores no alcancen el umbral que los clasifica como empleados.

La reforma contempla multas por incumplimiento que van desde los $27,000 hasta los $2.7 millones de pesos

Las fechas por tomar en cuenta son:

22 de junio de 2025: Entrada en vigor

27 de junio: Fecha límite para que las autoridades publiquen normativas complementarias sobre el cálculo de impuestos y obligaciones de seguridad social.

3.4.2 Jornada Laboral de 40 horas

La duración de la jornada máxima será de ocho horas y por cada seis días de trabajo se disfrutará de un día de descanso, cuando menos. Esto es lo que señala el artículo 123 de nuestra Constitución Federal. Por su parte la Ley Federal del Trabajo ratifica la jornada de ocho horas por seis días a la semana y un día de descanso semanal.

En la implementación de la jornada de 40 horas se pueden identificar ventajas como la mejora den la calidad de vida, mayor productividad, creación de empleo y apoyo a la igualdad de género. Sim embrago, también existen desventajas como la posible disminución de la producción, mayores costos para las empresas, riesgo de pérdidas de competitividad y la necesidad de adaptación a nuevos horarios (Arreola Rivera, 2024).

El objetivo de una jornada de 40 horas a la semana por dos días de descanso está en camino. El gobierno lo ha transformado en una promesa sexenal señalando enero del 2030 como la fechan para su implementación al 100% en nuestro país. Esta ruta de implementación gradual requiere una estructura consensuada de ahí que se inicie con foros y mesas de diálogo entre los sectores involucrados para llegar a un acuerdo de sobre esa gradualidad. Ahí se tendrán que definir cuáles serán los primeros sectores en iniciar con este cambio; el tipo de incentivos con el que contaran las empresas; Cual será el acompañamiento para las Pymes y quien y como se medirá el avance; entre muchas otras dudas.

Entonces será primordial establecer esta gradualidad en los diferentes sectores productivos al igual que los incentivos y la participación de la inspección para llegar al 2030 con el objetivo cumplido.

La intención es que las 40 horas de trabajo se distribuyan en cinco días a la semana, estableciendo sábado y domingo como días de descanso semanal por ley. La propuesta hace hincapié en que la medida no implica reducir el salario de los trabajadores.

Y en este punto es donde los empleadores se preguntan ¿cuál será el apoyo gubernamental para ellos? Es una realidad que las medianas y pequeñas empresas serán las más impactadas con la medida, pues recordemos que venimos de un aumento en los días de vacaciones y de la aprobación de la llamada Ley silla que en términos económicos les representa una reorganización para poder mantener los puestos de trabajo.

Nos queda claro que las condiciones laborales de nuestro país son de las más precarias de Latinoamérica y que este tipo de reformas son necesarias para dignificar el trabajo; pero también creemos que deben de venir acompañadas por incentivos fiscales o alternativas de apoyo para los empleadores, que en última instancia son fuente de empleos.

Un trabajador que tiene dos años en la empresa tiene derecho a 14 días de trabajo por concepto de vacaciones.

Actualmente serian dos semanas (de lunes a sábado cada una) más dos días de una tercera semana.

Con la reducción de la jornada estas vacaciones se convierten prácticamente en 3 semanas con sus implicaciones económicas.

Finalmente, es importante recordar que existe el Convenio 47 de la Organización Internacional del Trabajo sobre la jornada de 40 horas semanales. Nuestro país lo suscribió o firmo en 1935 lo que represento la intención de implementarlo, pero nunca lo ratifico, lo que, de manera formal, no lo obliga legalmente a cumplirlo.

3.4.3 Ley silla

En el mundo se han discutido iniciativas similares a la Ley Silla desde hace más de un siglo. Chile, por ejemplo, logró garantizarla en 1914; Argentina en 1935; y en España se aprobó una ley de la silla dirigida a las mujeres obreras en 1912.

El 19 de diciembre del 2024 se publicó en el Diario Oficial de la Federación la llamada 'Ley silla', que reformo diversos artículos de la

Ley Federal del Trabajo. Entre ellos se modificó el artículo 132 en su fracción V, quedando de la siguiente manera:

> Artículo 132.- Son obligaciones de las personas empleadoras:
>
> V.- Proveer el número suficiente de asientos o sillas con respaldo a disposición de todas las personas trabajadoras en los sectores de servicios, comercio y centros de trabajo análogos, para la ejecución de sus funciones o para el descanso periódico durante la jornada laboral. En el caso de descansos periódicos, los asientos o sillas con respaldo deberán estar ubicados en áreas específicas que para tal efecto se designen en las mismas instalaciones del lugar de trabajo. La misma disposición se observará en los establecimientos industriales cuando lo permita la naturaleza del trabajo.

La obligación del empleador de otorgar un número suficiente de asientos para los trabajadores ya estaba establecida en la Ley Federal del Trabajo, pro como una herramienta de trabajo y no vinculada al descanso durante la jornada.

Esta Ley va dirigida de manera prioritaria a centros de trabajo del sector comercio, servicio y análogos. En las empresas de giro industrial, estas disposiciones serán aplicables solo si la naturaleza de la actividad lo permite.

La disposición entra en vigor el 17 de junio del 2025 y tiene como objetivo evitar riesgos asociados a trabajar de pie por tiempos prolongados y reconoce el derecho al descanso durante la jornada de trabajo.

Estos periodos de descanso son indispensables para evitar situaciones como la fatiga crónica que podría manifestarse en irritabilidad, ansiedad, mal humor y afectaciones físicas como problemas musculares, inflamación o dolor en las articulaciones, entre otros; propiciando el ausentismo del trabajo y la rotación en la empresa.

En este sentido las obligaciones de los empleadores son:

- Otorgar el número de asientos suficientes para el descanso durante el horario de trabajo.
- Asignar en el centro de trabajo un área específica para el uso de las sillas.
- Implementación de un reglamento interior que establezca periodos obligatorios de reposo y normas para el uso adecuado de los asientos con respaldo durante la jornada de trabajo.

La reforma considera otros plazos importantes:

1. Con el fin de ajustar normativas internas y condiciones laborales acordes a la misma, los empleadores contarán con 180 días adicionales a la entrada en vigor de la reforma.
2. En un plazo de 30 días tras la entrada en vigor de la reforma, la Secretaría del Trabajo y Previsión Social emitirá normas específicas sobre factores de riesgo de trabajo.

Resultará de suma importancia que las empresas prohíban cualquier práctica que tenga como finalidad obligar a que los trabajadores permanezcan de pie la totalidad de su jornada laboral o el hacer uso de los asientos con respaldo destinados para el descanso.

Para los casos de incumplimiento de esta normativa se contemplan sanciones económicas o multas que van de los 25,935 a los 259,350 pesos, con la posibilidad de suspensión temporal de las actividades en caso de reincidencia.

3.5 INCLUSIÓN LABORAL DE PERSONAS CON DISCAPACIDAD

Partimos de entender que todos los seres humanos somos iguales ante la ley y gozamos de los mismos derechos humanos. Sin embargo, existen barreras estructurales, culturales y sociales cuando se trata de personas con alguna discapacidad. La desigualdad por razón de discapacidad fomenta la pobreza y amenaza el desarrollo social y económico a mediano y largo plazo, además afecta el desarrollo de las personas al destruir su sentido de realización y autoestima.

Siendo este un problema global, la agenda 2030 para el desarrollo sostenible, contempla en su objetivo 10 'Reducción de las desigualdades' a la desigualdad por razón de discapacidad como un elemento a combatir para potenciar el crecimiento económico y social inclusivo.

La discapacidad es un fenómeno transversal que está vinculada también a otros objetivos de desarrollo sostenible como la educación y el trabajo decente.

Y es que, el ámbito laboral se ha convertido en otra dura estructura difícil de penetrar para las personas con alguna discapacidad.

Hay esfuerzos a nivel internacional en el ámbito normativo para lograr la inclusión laboral, por ejemplo, la Convención sobre los Derechos de las Personas con Discapacidad (CDPD) generada por la Organización de las Naciones Unidas (ONU) en 2006, donde los estados que la ratifican se obligan a garantizar condiciones de trabajo justas e igualitarias, así como situaciones favorables para el acceso a capacitación y a políticas activas de empleo inclusivo. El objetivo central es proteger el derecho de las personas con discapacidad a un trabajo decente, eliminando toda forma de discriminación.

De acuerdo con el documento se entiende por persona con discapacidad, aquellas que tengan deficiencias físicas, mentales, intelectuales o sensoriales a largo plazo que, al interactuar con diversas barreras, puedan impedir su participación plena y efectiva en la sociedad, en igualdad de condiciones con los demás. (CDPD, 2006).

Anteriormente, la Organización de los Estados Americanos decidió adoptar medidas legislativas, sociales y educativas para eliminar la discriminación estructural con la Convención Interamericana para la eliminación de todas las formas de discriminación contra las personas con discapacidad.

La convención tiene como objetivo eliminar y prevenir la discriminación en todas sus formas contra las personas con discapacidad y trabajar en su integración plena en la sociedad.

Aquí la discriminación contra las personas con discapacidad significa toda distinción, exclusión o restricción basada en una discapacidad, antecedente de la discapacidad, consecuencia de discapacidad anterior o percepción de una discapacidad presente o pasada, que tenga el efecto o propósito de impedir o anular el reconocimiento, goce o ejercicio por parte de las personas con discapacidad, de sus derechos humanos y libertades fundamentales. (CIEDPD, 1999).

Nuestro país también tiene trabajo en esta temática. En el año 2011, la Ley general para la inclusión de personas con discapacidad, se convierte en el instrumento normativo más importante. Reconoce los derechos humanos y obliga al estado a establecer políticas públicas en favor de las personas con alguna discapacidad. De manera específica señala:

> Las medidas contra la discriminación tienen como finalidad prevenir o corregir que una persona con discapacidad sea tratada de una manera

> directa o indirecta menos favorable que otra que no lo sea, en una situación comparable.
>
> Las medidas contra la discriminación consisten en la prohibición de conducta que tengan como objetivo o consecuencia atentar contra la dignidad de una persona, crear un entorno intimidatorio, hostil, degradante u ofensivo, debido a la discapacidad que esta posee. Las acciones afirmativas consisten en apoyos de carácter especifico destinados a prevenir o compensar las desventajas o dificultades que tienen las personas con discapacidad en la incorporación y participación plena en los ámbitos de la vida política, económica, social y cultural (LGIPD, 2011).

Adicionalmente, se contemplan incentivos fiscales a los empleadores que contraten a personas con discapacidad y obliga a realizar ajustes razonables en el entorno laboral.

A pesar de estas normativas, la discriminación para este sector persiste pues no quedan claros mecanismos de fiscalización, sanción y evaluación sobre la implementación de estas disposiciones.

Aunado a lo anterior, las barreras siguen existiendo y las encontramos institucionales, físicas y actitudinales. Las primeras, se presentan cuando las políticas de contratación son restrictivas con procesos de selección sesgados y sin los ajustes razonables, por ejemplo, pruebas escritas para candidatos con discapacidad visual. Las físicas las conocemos todos; transporte publico inaccesible, falta de rampas adecuadas, baños mal diseñados o adaptados incorrectamente, elevadores que, si existen, nunca funcionan etc.; y la última, que puede resultar la de mayor impacto en las personas con alguna discapacidad, son los prejuicio y estereotipos que se asocian a una discapacidad, como puede ser falta de habilidades, baja productividad o dependencia económica, entre otras. Las tres, constituyen prácticas discriminatorias que todos los días sufren las personas con discapacidad en nuestro país.

En el ámbito de las políticas públicas, el programa de inclusión laboral 'Abriendo espacios' tiene como finalidad vincular a personas con discapacidad y a los adultos mayores con empresas tanto del sector público como del privado interesadas en su contratación. Este programa está a cargo de la Secretaria del trabajo y previsión social.

Los servicios que se ofrecen con el programa son gratuitos y pueden ser:

- Vinculación laboral

- Evaluación de capacidades y aptitudes
- Orientación ocupacional
- Capacitación para el trabajo
- Apoyo a iniciativas de ocupación por cuenta propia
- Integración interinstitucional con el propósito de otorgar una atención integral y optimizar las oportunidades de rehabilitación laboral y una mayor cobertura de atención
- Asesoría en la identificación de requerimientos de personal
- Información de la oferta de mano de obra calificada
- Cobertura de vacantes.

La discapacidad no es una condición que escapa a la desigualdad de género. De acuerdo con datos de la encuesta nacional de la dinámica demográfica (ENADID) en el 2023, la población de 15 años y más con discapacidad que realizo alguna actividad económica fue del 40.6 por ciento. De esa cifra el 51.5% fueron hombres con discapacidad participando en una actividad económica, mientras que solo el 31.3% fueron mujeres con la misma condición. Además, tienden a ocupar puestos informales o mal remunerados, lo que las coloca en mayor situación de vulnerabilidad económica. Queda claro que no son suficientes las políticas públicas y programas implementados hasta ahora, es fundamental que esas políticas de inclusión laboral integren un enfoque de genero desarrollando programas específicos de capacitación para mujeres con discapacidad, así como asegurar el servicio de guarderías.

Con la pandemia vivida hace algunos años, muchos pensamos que el teletrabajo sería la solución a algunos de los problemas de exclusión laboral de las personas con discapacidad, sin embargo, no en todos los casos fue así. Si bien el teletrabajo vino a resolver problemas de movilidad para las personas con alguna discapacidad, también es cierto que, siendo un trabajo basado en las tecnologías de la información un gran porcentaje se queda fuera de la opción al no tener la infraestructura y la capacitación necesaria para hacer uso de estos recursos. Además, el estar aislado del resto de los compañeros de trabajo puede acrecentar las brechas de exclusión que ya se tienen.

Sin embargo, hay que reconocer que el teletrabajo otorga una mayor autonomía e independencia, pues al ofrecer flexibilidad en términos de tiempo y lugar de trabajo, permite adaptarse a un entorno laboral más accesible. Pero los desafíos siguen presentes, ya que el aislamiento social puede llegar afectar el bienestar emocional aunado a una posible disminución de oportunidades de desarrollo profesional. Las barreras tecnológicas son otro factor para cuidar, ya que la capacitación y el soporte técnico son indispensables para desarrollar el teletrabajo y muchos teletrabajadores pueden enfrentarse con barreras para adquirir las habilidades necesarias para desarrollar el trabajo.

El estar empleado representa el primer paso para que las persona con discapacidad sean reconocidas y aceptadas socialmente, ello les permitirá un desarrollo de su personalidad adecuado, con autonomía personal y económica lo que llevara a su inclusión.

Referencias

Agenda 2030 y los objetivos de desarrollo sostenible https://repositorio.cepal.org/server/api/core/bitstreams/cb30a4de-7d87-4e79-8e7a-ad5279038718/content

Arreola Rivera, R. (2024). Análisis de las Ventajas y Desventajas de Reducir la Jornada Laboral de 48 a 40 Horas en México. *Ciencia Latina Revista Científica Multidisciplinar, 8*(4), 7116-7127. https://doi.org/10.37811/cl_rcm.v8i4.12886

Berrocal, A (2018) Igualdad de género. Hay avances, pero no son suficientes. https://www2.deloitte.com/mx/es/pages/dnoticias/articles/igualdad-de-genero-en-mexico.html

Constitución Política de los Estados Unidos Mexicanos https://www.diputados.gob.mx/LeyesBiblio/pdf/CPEUM.pdf

Convención Interamericana para Prevenir, sancionar y erradicar la violencia contra la mujer "Convención De Belem do Para" https://www.oas.org/juridico/spanish/tratados/a-61.html

Conferencia Internacional del Trabajo. Memoria del director general: Trabajo decente. (1999) https://webapps.ilo.org/public/spanish/standards/relm/ilc/ilc87/rep-i.htm

Convención sobre la eliminación de todas las formas de discriminación contra la mujer. https://www.ohchr.org/es/instruments-mechanisms/instruments/convention-elimination-all-forms-discrimination-against-women

Convención sobre los derechos de las personas con discapacidad. https://www.cndh.org.mx/sites/default/files/documentos/2019-05/Discapacidad-Protocolo-Facultativo%5B1%5D.pdf

Convención Interamericana para la eliminación de todas las formas de discriminación contra las personas con discapacidad. https://www.oas.org/juridico/spanish/tratados/a-65.html

Convenio 100 del OIT sobre Igualdad de remuneración https://normlex.ilo.org/dyn/nrmlx_es/f?p=NORMLEXPUB:12100:0::NO::p12100_instrument_id:312245

Convenio sobre los trabajadores con responsabilidades familiares no. 156 de la organización Internacional del Trabajo. www.ilo.org/dyn/norm lex/.

Convenio sobre la discriminación (empleo y ocupación) no. 111 de la Organización Internacional del Trabajo. https://normlex.ilo.org/dyn/

normlex/es/f?p=NORMLEXPUB:12100:0::NO:12100:P12100_INSTRUMENT_ID:312256:NO

Convenio sobre Responsabilidades familiares no. 156 OIT https://normlex.ilo.org/dyn/normlex/es/f?p=NORMLEXPUB:12100:0::NO::P12100_INSTRUMENT_ID,P12100_LANG_CODE:312301,es

Comité CEDAW, (2012) Recomendación General No. 28 relativa a las obligaciones básicas de los Estados parte de conformidad con el artículo 2 de la Convención sobre la eliminación de todas las formas de discriminación contra la mujer. https://www.acnur.org/fileadmin/Documentos/BDL/2012/8338.pdf?file=fileadmin/Documentos/BDL/2012/8338

Comisión Económica para América Latina y el Caribe (CEPAL)/Organización Internacional del Trabajo (OIT), "Trabajo decente para los trabajadores de plataformas en América Latina", Coyuntura Laboral en América Latina y el Caribe, N° 24 (LC/TS.2021/71), Santiago, 2021. CEPAL/OIT No 24 Coyuntura Laboral en América Latina y el Caribe: trabajo decente para los trabajadores de plataforma en América Latina

Comisión Nacional de los Derechos Humanos (2022) Informe anual sobre derechos laborales en México. https://informe.cndh.org.mx/uploads/principal/2022/IA_2022.pdf

Comision Europea (2020) Directives on equal treatment and non-discrimination in employment. https://employment-social-affairs.ec.europa.eu/policies-and-activities/rights-work/tackling-discrimination-work/legislation-employment-equality-directive-200078ec_en

Declaración de Brighton. https://www.csd.gob.es/sites/default/files/media/files/2018-09/declaracion-brighton.pdf

Declaración Universal de los Derechos Humanos https://www.un.org/es/about-us/universal-declaration-of-human-rights

Diario Oficial de la Federación. (2024) Decreto por el que se adicionan diversas disposiciones de la Ley Federal del Trabajo en materia de Plataformas digitales. https://sidof.segob.gob.mx/notas/docFuente/5746132

DOF. Programa Nacional para la Igualdad y No Discriminación 2021-2024 https://dof.gob.mx/nota_detalle.php?codigo=5638256&fecha=14/12/20j21#gsc.tab=0

Dosal Ulloa, Rodrigo, Mejía Ciro, María Paula, & Capdevila Ortiz, Lluís. (2017). Deporte y equidad de género. *Economía UNAM, 14*(40), 121-133. Recuperado en 09 de julio de 2025, de http://www.scielo.org.mx/scielo.php?script=sci_arttext&pid=S1665-952X2017000100121&lng=es&tlng=es.

Encuesta Nacional de Ocupación y Empleo (ENOE) https://www.inegi.org.mx/app/saladeprensa/noticia/9887

Factores psicosociales en el trabajo: Naturaleza, incidencia y prevención Informe del Comité Mixto OIT-OMS sobre Medicina del Trabajo, novena reunión Ginebra. https://webapps.ilo.org/public/libdoc/ilo/1986/86B09_301_span.pdf

Flores Fernández, Z. (2020) Mujer y deporte en México. Hacia una igualdad sustancial, RETOS. Nuevas tendencias en Educación Física, Deporte y Recreación Número 37 file:///C:/Users/hp/Downloads/Dialnet-MujerYDeporteEnMexico-7243272.pdf

Frasser, N. (2006). "La justicia social en la era de la política de la identidad: redistribución, reconocimiento y participación". Em "¿Redistribución o reconocimiento? Un debate político filosófico" de Nancy Frasser y Axel Honneth (p. 86). Morata. Fonte: https://www.jep.gov.co/Sala-de-Prensa/Documents/Fraser_justicia%20social.pdf

Fuentes, Ramon. (2023) Estos son los números del futbol femenino a nivel mundial. Mundo Deportivo https://www.mundodeportivo.com/futbol/femenino/20230821/1002055612/son-numeros-futbol-femenino-nivel-mundial.html

Fundación Human Rights (2025) Programa Global de Equidad Laboral https://hrc-prod-requests.s3-us-west-2.amazonaws.com/EquidadMX2025Report-compressed.pdf

Girón, A (2023) Empoderamiento económico de las mujeres. Nadie se queda atrás. Acciones procurando el cambio. *Problemas del desarrollo, Revista Latinoamericana de economía,* UNAM, Vol. 48. www.revistas.unam.mx/in dex.php/pde/ar ti cle/view. https://probdes.iiec.unam.mx/index.php/pde/article/view/58993/62670

Gómez H. y Vela E. (2021) Perspectiva de género y derecho laboral, en Manual para juzgar con perspectiva de género en materia laboral, STEFANÍA VELA BARBA COORDINADORA. Suprema Corte de Justicia de la Nación, México. https://www.scjn.gob.mx/derechos-humanos/sites/default/files/Publicaciones/archivos/2024-01/Manual%20para%20juzgar%20con%20perspectiva%20de%20ge%CC%81nero%20en%20materia%20laboral_0.pdf

INEGI. Encuesta Nacional de Ocupación y empleo (ENOE). Boletín de indicador 130/2025. https://www.inegi.org.mx/contenidos/saladeprensa/boletines/2025/iooe/ioe2025_02.pdf

INEGI. Encuesta Nacional de Ingresos y Gastos de los Hogares 2022 (ENIGH) https://www.inegi.org.mx/contenidos/programas/enigh/nc/2022/doc/enigh2022_ns_presentacion_resultados.pdf

INEGI. Encuesta Nacional de la Dinámica Demográfica (ENADID), 2023 https://www.inegi.org.mx/contenidos/saladeprensa/aproposito/2024/EAP_PCD24.pdf

Informe: Mujeres en el trabajo (2024) Una perspectiva global. https://www.deloitte.com/latam/es/issues/work/mujeres-en-el-trabajo-2024.html?icid=wn_mujeres-en-el-trabajo-2024

Instituto Mexicano para la competitividad. (2025). ¿Cómo cerrar la brecha salarial? Estrategias para erradicarla en México. https://imco.org.mx/wp-content/uploads/2025/03/Como-cerrar-brecha-salaria.pdf

Kliksberg, B. (2009). Una agenda renovada de responsabilidad empresarial para América Latina en la era de la crisis, en *RSE y Trabajo decente en Argentina*, Ministerio del Trabajo, Empleo y Seguridad Social,

Lamas, Marta (1999), "Usos, dificultades y posibilidades de la categoría género", Papeles de Población, vol. 5, núm. 21, julio-septiembre. https://www.redalyc.org/pdf/112/11202105.pdf

La Organización del Trabajo y los riesgos psicosociales: una mirada de género. https://www.google.com/search?q=oit+factores+psicosociales+en+el+trabajo%3A+reconocimiento+y+control+ginebra+oit%2C+1986&sca_esv=116b66c83e832583&rlz=1C1CHBF_esMX891MX891&biw=1920&bih=919&ei=rxoEZ8nSML3k5NoP6vOQ6QU&oq=OIT+ries

Lastra, José M. (2018) Comentario del Instituto de Investigaciones Jurídicas de la UNAM. Amparo en revisión 59/2016: sobre requisitos diferenciados para el acceso al seguro de guarderías del Instituto Mexicano del Seguro Social. Suprema Corte de Justicia de la Nación, México.

Ley federal del trabajo en México. https://www.diputados.gob.mx/LeyesBiblio/pdf/LFT.pdf

Ley general para la igualdad entre mujeres y hombres. https://www.diputados.gob.mx/LeyesBiblio/pdf/LGIMH.pdf

Ley general para la inclusión de personas con discapacidad https://www.diputados.gob.mx/LeyesBiblio/pdf/LGIPD.pdf

López Nova, M. (2005) Equidad de género: Las mujeres en el ámbito laboral. https://www.supremacorte.gob.mx/sites/default/files/transparencia/documentos/becarios/003magaly-lopez-novoa.pdf

Marco reglamentario de la FIFA para la protección de jugadoras y entrenadoras. https://digitalhub.fifa.com/m/388b2a29898ef0d1/original/Marco-reglamentario-de-la-FIFA-para-la-proteccion-de-jugadoras-y-entrenadoras.pdf

Mejía Guerrero, Luz Patricia (2012), "La Comisión Interamericana de Mujeres y la Convención de Belém do Pará. Impacto en el Sistema Interamericano", Revista IIDH, vol. 56, https://www.corteidh.or.cr/tablas/r30352.pdf

Módulo de práctica deportiva y ejercicio físico (mopradef) 27 de enero de 2025 https://www.inegi.org.mx/contenidos/saladeprensa/boletines/2025/mopradef/mopradef2024.pdf

Montalvo Romero, Josefa (2024) La desconexión laboral. En Diálogos contemporáneos sobre derechos humanos. Tirant lo Blanch, México.

Montalvo Romero, Josefa (2012) Del derecho al trabajo al trabajo con derechos. Universidad Veracruzana, México.

Muñoz, Rosa, et, al. (2023) Jóvenes Construyendo el Futuro: Análisis y recomendaciones sobre el diseño de la política pública. RECAI Revista de Estudios en Contaduría, Administración e Informática, vol. 12, núm. 33. Universidad Autónoma del Estado de México. https://www.redalyc.org/journal/6379/637973863001/html/

Murguía Salas, V. & Ronzón Hernández, Z. (2023). Objetivos de Desarrollo Sostenible (ODS): una mirada a mitad de camino. Revisión del Objetivo 8 en México. Equidad y Desarrollo, (42), e1594. https://doi.org/10.19052/eq.vol1.iss42.6 https://www.redalyc.org/journal/957/95778472006/

Norma Oficial Mexicana 037 Teletrabajo. Condiciones de seguridad y salud en el trabajo https://www.dof.gob.mx/nota_detalle.php?codigo=5691672&fecha=08/06/2023&print=true

Norma Mexicana NMX-R-025-SCFI 2015 en Igualdad laboral y no discriminación. https://nmx.conapred.org.mx/

OACNUDH (2012), "Nacidos libre e iguales, Orientación sexual e identidad de género en las normas internacionales de derechos humanos", Suiza: Oficina del Alto Comisionado para los Derechos Humanos. https://www.ohchr.org/Documents/Publica-ions/BornFreeAndEqualLowRes_sp.pdf

Observatorio de Trabajo Digno | Datos clave sobre exclusión y precariedad laboral en México

OIT (1958) Convenio 111 sobre la discriminación (empleo y ocupación) https://normlex.ilo.org/dyn/nrmlx_es/f?p=NORMLEXPUB:12100:0::NO::P12100_Ilo_Code:C111

OIT (1951) Convenio 100 sobre la igualdad de remuneración https://normlex.ilo.org/dyn/nrmlx_es/f?p=normlexpub:12100:0::no:12100:p12100_instrument_id:312245:no

OIT (1973) Convenio sobre la edad mínima https://webapps.ilo.org/public/libdoc/ilo/1973/73B09_903_span.pdf

OIT (1949) Convenio sobre el derecho de sindicación y negociación colectiva https://normlex.ilo.org/dyn/nrmlx_es/f?p=NORMLEXPUB:12100:0::NO:12100:P12100_INSTRUMENT_ID:312243:NO

OIT (1948) Convenio sobre la libertad sindical y la protección del derecho de sindicación https://normlex.ilo.org/dyn/nrmlx_es/f?p=NORMLEXPUB:12100:0::NO::P12100_INSTRUMENT_ID:312232

OIT (2019) Convenio 190 sobre la Violencia y el acoso. https://normlex.ilo.org/dyn/nrmlx_es/f?p=NORMLEXPUB:12100:0::NO::P12100_INSTRUMENT_ID:3999810

OIT (1998) Declaración de la OIT relativa a los principios y derechos fundamentales en el trabajo y su seguimiento file:///C:/Users/hp/Downloads/wcms_716596.pdf

OIT. La discriminación en el trabajo por motivos de orientación sexual e identidad de género: Resultados del proyecto PRIDE de la OIT. file:///C:/Users/hp/Downloads/wcms_380831.pdf

ONU. Agenda 2030 para el desarrollo sostenible (2015) https://www.un.org/sustainabledevelopment/es/economic-growth/

ONU Mujeres https://www.unwomen.org/es/news/stories/2019/6/press-release-fifa-and-un-women-sign-mou

Organización mundial de la salud https://www.who.int/es/news-room/fact-sheets/detail/gender

Pacto Internacional de Derechos económicos, sociales y culturales. https://www.ohchr.org/es/instruments-mechanisms/instruments/international-covenant-economic-social-and-cultural-rights

Patlan, J. (2020) Factores psicosociales, clasificación, identificación y consecuencias en la salud laboral. https://www.imss.gob.mx/sites/all/statics/salud/estreslaboral/1erjornada/06-Factores-Consecuencias.pdf

Programa Nacional para la Igualdad entre Mujeres y Hombres 2020-2024

Instituto Nacional de las Mujeres, INMUJERES 2020 http://cedoc.inmujeres.gob.mx/documentos_download/Proigualdad%202020-2024%20Web.pdf

Protocolo adicional a la Convención Americana sobre derechos Humanos en materia de derechos económicos, sociales y culturales (Protocolo de San Salvador) https://www.oas.org/es/sadye/inclusion-social/protocolo-ssv/docs/protocolo-san-salvador-es.pdf

Quiroa, Andrea (2019) Fútbol "femenino": género y performatividad. Deporte y sociedad: Encontrando el futuro de los estudios sociales y culturales sobre Deporte, Universidad de la república, Uruguay. https://www.circuitoultras.org/wp-content/uploads/2021/02/DEPORTE-Y-SOCIEDAD.pdf#page=139

Riquelme, R. (2024) Negocio es viable con reforma a plataformas digitales, pero hacen falta acuerdos: Rappi. https://www.eleconomista.com.mx/capital-humano/negocio-viable-reforma-plataformas-digitales-falta-acuerdos-rappi-20241112-733906.html

Rivero Evia, Jorge. (2024). ¿A trabajo igual, salario igual? La brecha salarial de género en México: políticas públicas para su disminución. *In-*

tersticios sociales, (27), 390-408. Epub 03 de mayo de 2024. https://doi.org/10.55555/is.27.563 https://www.scielo.org.mx/scielo.php?pid=S2007-49642024000100390&script=sci_arttext

Scott, Joan. (1986) El género: una categoría útil para el análisis histórico. file:///C:/Users/UV/Downloads/El%20Genero%20Una%20Categoria%20Util%20para%20el%20Analisis%20Historico.pdf

Secretaría de Trabajo y Fomento al Empleo de la Ciudad de México (2025) Guía para cerrar la brecha salarial de género. https://trabajo.cdmx.gob.mx/storage/app/media/GUIA_BRECHA%20SALARIAL_DE_%20GENERO_13_03_2025.pdf

Secretaria del Trabajo y previsión Social (2019) Guía para la Nom-035-stps-2018. https://www.gob.mx/cms/uploads/attachment/file/503381/NOM035_guia.pdf

Senado de la Republica. Igualdad Salarial en el deporte. https://comunicacionsocial.senado.gob.mx/informacion/comunicados/8367-senado-aprueba-reformas-para-garantizar-con-perspectiva-de-genero-derechos-laborales-de-deportistas-profesionales

Sistema Nacional de Información Estadística y Geográfica. https://www.snieg.mx/cni/escenario.aspx?ind=6200102823&gen=2785&d=s&idOrden=1.1

Tager, Debora (1998) El fútbol como organizador de la masculinidad. Revista de estudios de género: La ventana, no. 8. file:///C:/Users/hp/Downloads/Dialnet-ElFutbolComoOrganizadorDeLaMasculinidad-5202405.pdf

Tomada, C. (2009) *RSE y Trabajo decente en Argentina,* Ministerio del Trabajo, Empleo y Seguridad Social.

Torres V, Cesar Eduardo. (2024) Esta es la postura de DIDI, Rappi y Uber tras la aprobación de reformas por los derechos de los conductores y repartidores en México. https://www.merca20.com/esta-es-la-postura-de-didi-rappi-y-uber-tras-la-aprobacion-de-reforma-por-los-derechos-de-los-conductores-y-repartidores-en-mexico/

Esta es la postura de DiDi, Rappi y Uber tras la aprobación de reforma por los derechos de los conductores y repartidores en México

Tourís López, RM, Rubio Andrada, L., García García, R. y Hernando Vivar, M. del C. (2024). El fútbol femenino y el turismo como herramienta para la igualdad, la mejora económica y social y la erradicación de la discriminación. *Revista de Investigación en Turismo y Patrimonio,* 7 https://www.jthr.es/index.php/journal/article/view/591 www.trabajodecente.org.co/